TRAUMSTRASSEN

Der Norden

Mit der Fähre über Nord- und Ostsee, auf endlosen, menschenleeren Pisten durch die Wälder, in Serpentinen an atemberaubenden Fjorden entlang oder mit dem Geländewagen durch Berge und Schluchten: Skandinavien, das sind Seen, so weit das Auge reicht, Dünen, hinter denen das Meer wogt, im Sommer das sanfte Licht der Mitternachtssonne und im Winter die Nordlichter, Gebirge mit mächtigen Gletschern, Vulkane, Geysire und steinerne Zeugen der Wikinger.

Einsame Höfe wie auf der Insel Dønna in Norwegen sind im Norden Europas keine Seltenheit.

Weitläufiger Sandstrand bei Løkken in Dänemark.

TRAUMSTRASSEN

Der Norden

Norwegen · Schweden · Dänemark · Finnland · Island

BRUCKMANN

Inhaltsverzeichnis

Die Routen

Route **8** **Inselrundfahrt durch Island**
Land aus Feuer und Eis. Eine Fahrt durch das jüngste Festland der Welt ist eine Reise in die Vergangenheit der Erde: Dampfende Vulkane, brodelnde Quellen, meterhohe Geysire, eisige Gletscher und öde, einsame Steinwüsten.

Route **3** **Von Trondheim zum Nordkap**
Der Weg zum nördlichsten Punkt Europas durch den Norden Norwegens ist mühsam, aber lohnenswert. Spektakuläre Fjorde, Fährverbindungen über die vielen vorgelagerten Inseln, imposante Bergmassive und Gletscher.

Route **8** **Von Oslo durch Norwegens Südwesten**
Zwischen Oslos Karl Johansgate und Bergens Bryggen erwarten einen tiefe, warme Buchten ebenso wie großartige, raue Fjorde. Schwindelnde Felsabstürze und karge Hochebenen, reißende Wasserfälle und blühende Obstgärten – Norwegens Gegensätze faszinieren.

Route **5** **Von Tønder nach Flensburg**
Gemütliche Häuschen gleich hinter den Dünen, endlose, feine Sandstrände, Watt unter den Stiefeln. Jütland ist Dänemark pur – hier kann man die Seele baumeln lassen. Und wer einmal das Licht am Skagerrak erlebt hat, den lässt dieses kleine, liebenswerte Land nicht mehr los.

Route **4** **Von Helsinki zum Nordkap**
Durch das »Land der Tausend Seen« nach Norden, das heißt Wälder, Wälder, Wälder zwischen den verschlungenen Gewässern Finnlands. Und dann Lappland, flache Tundra, in der man ebenso auf Rentierherden treffen kann wie auf noch im Frühsommer vereiste Seen.

Route **5** **Von Narvik nach Stockholm**
Um Sümpfe und Seen winden sich die Straßen vom Norden Schwedens in die Hauptstadt. Unterwegs begegnen einem Elche, Lachse und eine vielfältige Vogelwelt. Hohe Berge und riesige Nationalparks laden zu ausgedehnten Wanderungen durch eine unberührte Wildnis ein.

Route **7** **Von Oslo bis Helsinki**
In den Metropolen des Nordens ist das Großstadtleben gelassener und leichter als anderswo. An Oslos Karl Johansgate, Kopenhagens Nyhavn, in Stockholms Gamla Stan und auf Helsinkis Marktplatz kann man es sich gut gehen lassen.

Route **6** **Zwischen Trelleborg und Stockholm**
Felder und Wälder, abgeschiedene Seen, dazwischen die typischen rostroten Häuser, Sandstrände an sonnigen Küsten und reiche Kulturschätze: Runen der Wikinger, alte Burgen, liebliche Kirchen. Eine Welt so heil wie in Astrid Lindgrens »Pippi Langstrumpf«.

Auch in Lappland gibt es Safaris: Mit Rentieren und Schlitten kommt man durch die verschneiten Wälder am besten vorwärts.

Der Hohe Norden Europas

Wälder, Seen, Flüsse: Bootsfahrten durch den Nationalpark Lemmenjoki im nördlichen Finnland sind ein großartiges Naturerlebnis, bei dem man die Einsamkeit dieses weiten Landes spüren kann. rechts
Nach wie vor ist die Herkunft der etwa 30 000 Samen nicht bekannt. Ihre Sprache ist dem Finnischen verwandt. Dieses Mädchen in der Nähe von Tromsø in Norwegen trägt die traditionelle Tracht. oben

Der Norden. Wo fängt er an, wo hört er auf? Für die alten Römer begann er gleich hinter den Alpen, bei den Barbaren; heute gilt Skandinavien als der »Norden«. Aber geographisch betrachtet ist dieses Skandinavien nicht mehr als die norwegisch-schwedische Halbinsel. Die gemeinsame bewegte Geschichte führte im 19. Jahrhundert dazu, dass auch Dänemark aus Sicht der Erdkundler zu dieser riesigen Landzunge zwischen Nord- und Ostsee gehört, und obwohl die Finnen stolz auf ihre Unabhängigkeit sind, die oft von Schweden und Russen angetastet wurde, sind auch sie Skandinavier. Skandinavien also hat man im Griff, mit dem »Norden« aber ist's schwieriger. Deshalb haben sich Wissenschaftler an der Kieler Universität zusammengetan, um dem Norden endlich eine Definition zu geben; selbst die Experten haben Probleme.

Paradies oder karges Land? Spannend also, diese ebenso mystische wie reale Welt zu fassen: den Hohen Norden bis hinauf nach Island; jene Welten, die zwischen Tønder in Dänemark und dem Nordkap in Norwegen liegen; die verschiedenen Menschentypen, die zwischen Bergen an der Nordsee und Lappeenranta in Finnland wohnen. Vielleicht hilft ja den Geo-Experten in Kiel bei der Erklärung des scheinbar Unfassbaren Goethes Bemerkung zum Norden in seiner »Italienischen Reise«: »Der Neapolitaner glaubt, im Besitz des Paradieses zu sein, und hat von den nördlichen Ländern einen sehr traurigen Begriff: Immer Schnee, hölzerne Häuser, große Unwissenheit; aber Geld genug.«

David gewinnt gegen Goliath. Es war ein Drama, was sich an einem Sommertag im Jahr 1992 ereignete. Ein Land mit fünf Millionen Menschen und 474 Inseln zwingt einen Riesen in die Knie. Der Zwerg auf der geographischen wie politischen Landkarte stiehlt dem großen Nachbarn die Show. Dänemark wird Fußball-Europameister gegen Deutschland. Die Dänen genossen dieses Erfolgserlebnis wie den Schluck aus einem Jungbrunnen, und noch heute kennt jeder einigermaßen Sportgebildete in Dänemark das Ergebnis – wie endete das Spiel noch mal?

Unspektakuläre Monarchen. Jedes dänische Schulkind weiß, dass Gorm der Alte im 10. Jahrhundert der eigentliche Staatsgründer war, ihr erster König. Die Monarchie ist in unserem Nachbarland sehr lebendig, auch und gerade deswegen, weil ihre heutigen Protagonisten erfrischend wenig Aufsehen erregen – irgendwie typisch dänisch und sympathisch. Fünfzig Könige und zwei Königinnen hat die älteste Monarchie der Welt kommen und gehen sehen, und Königin Margarete II., bei ihren Landsleuten sehr beliebt, ist seit 1972 die vorläufig letzte. Ihre Aufgabe besteht hauptsächlich darin, den Staat zu repräsentieren. Früher war das anders, da wollten die kleinen Dänen groß rauskommen. Dem Dänenkönig Christian IV. zum Beispiel war die Heimat zu klein, und so brachte der Lebemann im 16. Jahrhundert Norwegen und halb Schweden ins dänische Reich. Norwegische Städte wie etwa Kristiansand und die Hauptstadt Oslo wurden von Christian IV. gegründet.

Das skandinavische Wir-Gefühl. Schon die Wikinger fühlten sich Ende des ersten Jahrtausends in Norwegen genauso zu Hause wie in Dänemark und hatten so für ein erstes gewisses nationales Denken im Norden gesorgt. Und auch Margarete I. war als Chefin der Kalmarischen Union 1397 für Norwegen, Schweden und Dänemark gleichzeitig aktiv – gewissermaßen im Sinne einer gemeinsamen skandinavischen Identitätsfindung. Zu der trug schließlich auch noch Norwegens Union mit Schweden bei, die erst Anfang dieses Jahrhunderts zu Ende ging. Irgendwie waren alle im Norden irgendwann miteinander »verbandelt«, und so erklärt sich eine gewisse gemeinsame »skandinavische« Vergangenheit.

Deutsche und Dänen. Aber so spannend können historische Rückblenden gar nicht sein, dass sie die offensichtlichen, zeitlosen Reize Skandinaviens lange in den Hintergrund stellen: die Strände Westjütlands zum Beispiel, diese unverwechselbare Mischung aus wogenden Wellen, sanften Dünen und angenehmer Wärme. Oder die harmonische Ostseeküste, die knapp fünfhundert Inseln und Inselchen, von denen nur hundert bewohnt sind. Und jene dänische Gemütlichkeit, die vorwiegend deutsche Touristen in den typischen Ferienhäusern hinter den Dünen zu finden hoffen. So reizvoll erscheint Dänemark vielen zahlungskräftigen Deutschen, dass sie sich in den vergangenen Jahren viele dieser Urlaubsbungalows unter den Nagel rissen. Totgeglaubte Ressentiments gegenüber dem übermächtigen, reichen Nachbarn aus dem Süden wurden wieder lebendig: Zweiter Weltkrieg, Nichtangriffspakt. Und doch marschieren 1940 deutsche Truppen in Dänemark ein. Ausnahmezustand. Heute

Leifur Eiríksson, hier auf einem Gemälde aus dem Jahr 1893, landete um das Jahr 1000 an der Küste Novia Scotias. links
Schlitten sind in Skandinavien seit jeher ein wichtiges Fortbewegungsmittel. oben
Der Schiffsverkehr spielte in Skandinavien immer schon eine bedeutende Rolle. Mitte und unten

Lebensgefühl Abenteuer

In Alta, Norwegen, wurden Felszeichnungen entdeckt, die 2500 bis 6200 Jahre alt sind. oben Tierkopfpfosten (9. Jh) aus dem Schiffsgrab in Oseberg. Mitte Vergoldeter Schiffswimpel, 9. Jh. aus Hälsingland in Schweden. unten Leifur Eiríkssons Schiff auf Entdeckungsfahrt nach Amerika. rechts

Fridtjof Nansen, Abenteurer und Buchautor, durchquerte 1888 als Erster das ewige Eis Grönlands; die Bücher »Freiluftleben« und »Abenteuerlust« erzählen davon. Nansen war ein echter Norweger, einer, der Freiheit suchte, Meeresluft zum Atmen und Abenteuer zum Leben brauchte. Und das war es auch, was sich die Wikinger, seine Vorfahren, zwischen dem 9. und 11. Jahrhundert auf ihre Fahnen geschrieben hatten. Wenn sie irgendwo zwischen Russland und England auftauchten, an Rhein und Elbe landeten, rückten wohlhabende Kaufleute ihr Gold meist freiwillig heraus.
Die Masche der kampfeslustigen Seefahrer war immer gleich: Von einer Insel oder Bucht aus (altnordisch: »Vik«) starteten sie den entscheidenden Schlag: »Die Wikinger kommen!« – Angst und Schrecken verbreitete sich mit diesem Ruf wie ein Lauffeuer in den Straßen, aber so schnell wie sie gelandet waren, so schnell waren sie in ihren wendigen Drachenbooten auch wieder verschwunden.

Seit dem 6. Jahrhundert hatten die Nordmänner (Norweger) friedlich in ihrer nordgermanischen Heimat gelebt. Das Erbrecht, das stets nur den ältesten Sohn begünstigte, Überbevölkerung und Abenteuerlust machten aus den jungen Männern Räuber. Norwegische und dänische Wikinger besetzten Friesland, gründeten Kolonien in Irland, plünderten in Frankreich und unterwarfen Italien. Schwedische Wikinger stießen bis nach Kiew und in den Vorderen Orient vor. Von einem Tod im Kampf versprachen sie sich Einlass ins Paradies. Das wollte der Wikinger Leifur Eiríksson allerdings bereits auf dieser Welt finden. Er brach von Grönland auf, um neues Land zu suchen. Dabei half ihm die Erfindung, die das Expansionsstreben seines Volkes überhaupt erst ermöglicht hatte: das schlanke, offene Kielboot mit Segel. Außerdem waren die Wikinger geschickte Navigatoren, und so landete Eiríksson 992 auf Neufundland an der Ostküste Kanadas – fünfhundert Jahre vor Kolumbus.

herrscht wieder Normalität, gibt es (fast) nichts als gutnachbarliche Beziehungen. Deutsche Urlauber spüren, dass sie gern gesehene Gäste sind; nur wenn sie das ganze Jahr bleiben wollen, kann das den ein oder anderen Dänen in Rage versetzen. Schließlich trieb der Kaufboom die Hauspreise im Land zwischen Nord- und Ostsee auch für die Dänen selbst in die Höhe.

Königliche Ferienstraße. Aber warum soll man denn unbedingt seinen Urlaub nur an einem Ort verbringen, wo doch Jütland und die Ostseeinseln so viele liebenswerte, entdeckungswürdige Fleckchen zu bieten haben? Das sagten sich vor einigen Jahren auch die Tourismusmanager, malten weißgelbe Margeriten auf braune Tafeln, verteilten sie an dänischen Straßen quer durchs Land und nannten den Rundkurs fortan Margeriten-Route. 3450 Kilometer Ferienstraße, zu Ehren ihrer Exzellenz, der allseits beliebten Königin Margarete II. von Dänemark. Wer die Tour fährt, wird mehr als tausendmal die weißgelben Margeriten auf braunen Tafeln entdecken und so zu touristischen Highlights gelenkt. In diesem Buch beschränken wir uns mit der großen Jütland-Rundreise auf den schönsten Teil der der Blumen-Route. Im Jahr 2000 begann

allerdings mit der Eröffnung der Öresundbrücke eine neue Zeitrechnung: Die Auto- und Zugverbindung über den Öresund zwischen dem dänischen Kopenhagen und dem schwedischen Malmö macht die Fährverbindungen überflüssig – obwohl es sie nach wie vor gibt – und aus der Blumen-Route einen gesamtskandinavischen Rundkurs.

Ein Brückenschlag, der verbindet. 4500 Meter Stahl und Beton verkuppeln die Halbinsel Skandinavien mit dem Festland-Europa. Die Königskinder der beiden Nationen trafen sich bereits in der Mitte der Brücke. Und Norweger, Schweden, Finnen freuen sich, dass sie heute »trockenen Fußes« gen Süden fahren können. Vielleicht bekommt diese Brücke ja Symbolcharakter: Zweimal bereits, 1972 und 1994, lehnten die Norweger einen Beitritt zur Europäischen Union ab. Besitzstandswahrung und die Befürchtung, in der Gemeinschaft zu viele Federn lassen zu müssen, waren die Gründe. Aber auch, dass man sich unmöglich einer portugiesischen EU-Ratspräsidentschaft unterordnen könne. Inzwischen bröckelt die Front der Gegner, die für Norwegens einsamen Weg kämpfen; es scheint also nur eine Frage der Zeit, bis Norwegen seine Wohnung im europäischen Haus bezieht.

Junges Königreich. Bei allen heftigen Diskussionen im Land wahrt einer immer seine Neutralität: König Harald V. Im Vergleich zum tausendjährigen Königreich Dänemark steckt die norwegische Monarchie noch in den Windeln: Erst 1905 stimmten in einer Volksbefragung die Norweger geschlossen gegen die Union mit den Schweden. Das führte dazu, dass Oskar II., der gemeinsame König von Norwegen und Schweden, abdankte. Håkon VII., bis dahin Prinz Karl – ein Blaublüter aus Dänemark – wurde norwegischer König.

Das »Schwarze Gold«. Aber in einem Land, das maßgeblich von Petrodollars regiert wird, ist für viel königliches Gehabe mit Pomp und Prunk kein Platz. Manche fragen nach dem Sinn und Nutzen der Monarchie, andere betrachten gerade sie im »big busi-

Die Wikinger taten sich im Schiffsbau und als Krieger hervor. In Oslo kann man das berühmte Oseberg-Schiff besichtigen und »echte« Wikinger treffen. oben
Eindrücke aus der Stabkirche von Urnes am norwegischen Lusterfjord. Mitte
Innenraum der Kirche in Lom. unten

Köstliches für Gourmets: belegtes Knäckebrot und frischer Hummer rechts, Wildbret und Trockendorsch von den Lofoten oben. Appetitlich präsentiert: Steinbeißer und Lachs auf dem Fischmarkt von Trondheim. Mitte
Arne Brimi aus Lom revolutionierte die norwegische Küche. unten

Die skandinavische Küche: Revolution des Geschmacks

Meine Mutter war meine Lehrmeisterin,« sagt Arne Brimi, »und sie hat nur mit den Dingen gekocht, die es auf unserem Hof gab«. Der Spitzenkoch wandelt auf den Spuren seiner Mutter, und Norwegens Hausfrauen verschlingen seine Kochbücher und sitzen gebannt vor jedem TV-Kochkurs des Meisters. Brimi hat, das kann man ohne Übertreibung behaupten, die norwegische Küche revolutioniert.
Einfallslos, geschmacklos, grenzenlos bei den Preisen. Das sind die Vorurteile, mit denen die skandinavische Küche zu kämpfen hatte, und sicher gibt es immer noch Küchenmeister, die zaudern statt zaubern. Und natürlich gibt es auch immer noch Gäste, die sich ausschließlich auf das kalte und warme Durcheinander des typisch skandinavischen Büfetts stürzen. Das kennt man. Da weiß man, was man hat: Fisch in allen Variationen (die Heringsmodulationen verdienen durchaus besondere Erwähnung), Geflügel, Rindfleisch, Salate. Kolbord in Norwegen, Smörgåsbord in Schweden, Voileipäpöyta in Finnland: Das ist Masse statt Klasse, auch mehrmaliges Auftellern bringt keine Abwechslung. Genießer aber wissen, dass Norwegens Küchenmeister 1996 bei den »Olympischen Spielen der Köche« den zweiten Platz erkochten (knapp hinter der Schweiz), und dass Gemüse, Fisch, Wild und Beeren in Skandinavien einen ganz eigenen Geschmack bekommen.
Man muss eben nur wissen, wie und wo. Arne Brimi macht vor, wie man mit möglichst naturbelassenen Zutaten so kocht wie Muttern. Und alle machen's ihm nach. Man kann natürlich den Spuren der professionellen Essensverkoster folgen, ihre Empfehlungen unter dem Arm, und Gasthäuser nach Sternen oder Kochmützen abklappern. Das aber wird garantiert teuer. Denn satt zu werden ist nicht billig in Skandinavien. Das Finden guter und bezahlbarer Restaurants ist nicht einfach. Mit etwas Glück findet man in Dänemark das typische Dyrlaegens natmad, den geräucherten Bornholmer Hering in einer ganz neuen Variante. In Norwegen das Schneehuhn mit Blaubeeren und Gänseblümchen. Den Wildlachs in einer Senf-Dill-Soße in Schweden. Die gepökelte Rentierzunge mit Moltebeeren in Finnland. Und beim kulinarischen Geschmakkserlebnis isländischer Fisch- oder Lammzubereitung bebt die Erde. Dazu trinkt man Wein, auch wenn sich die Zahl der Sommeliers in Skandinavien an einer Hand abzählen lässt. Die Herabsetzung der Steuer ist auf den Weinkarten Norwegens an der größeren Auswahl, jedoch noch nicht am Preis sichtbar geworden. Wahre Gourmets bevorzugen allerdings ohnehin das günstigste und neutralste unter allen Getränken: Wasser. Das schmeckt in Skandinavien nämlich am besten.

ness« als Zünglein an der Waage. Norwegen und sein Öl – eine unendliche Geschichte. Gut ein Prozent der weltweiten Erdölvorkommen verbergen sich unter norwegischen Gewässern in 3000 bis 4000 Metern Tiefe, ein Prozent des »Schwarzen Goldes«. Der Wirtschaftsboom begann Anfang der 1970er Jahre mit der Ölkrise, ließ Städte wie Bergen und Stavanger expandieren, und setzte sich kontinuierlich bis zur weltweiten Finanzkrise im Jahre 2008 fort. Alle Einnahmen aus den sprudelnden Ölquellen fließen in den sogenannten Staatsfonds, der wiederum ein Großteil des Geldes in ausländischen Aktien angelegt. Die Wirtschaftskrise ließ den Staatsfond um rund ein Viertel schrumpfen und jene Stimmen immer lauter werden, die die Ölmilliarden lieber in Kindergärten, Schulen und das Gesundheitssystem investieren würden.

Paradies für Freiluftfanatiker. Norwegen kann mit seinen Pfunden wuchern: Die unglaublichste Küste der Erde verläuft über 14 Breitengrade durch das Land, auf einer Länge von 20 000 Kilometern, und rechnet man die vorgelagerten Inseln dazu, sind es insgesamt 57 000 Kilometer Uferlinie. Und was ist das für eine fantastische Fjordwelt, diese gewaltigen Meeresarme aus der Eiszeit! Ein einmaliges Schauspiel, ein Labyrinth mächtiger Bergtäler. Dazwischen die Fjelle, Hochebenen, einsam und menschenleer. Ein Traum für Aktive: Wo sonst kann man vormittags zum Beispiel auf Atlantikwellen surfen und nachmittags in einer Seilschaft über einen Gletscher stiefeln? Oder nach einer Rafting-Tour in der Morgensonne am Nachmittag auf dem Snowboard stehen?

Unberührtes Land. Oslo, Trondheim, Stavanger, Ålesund – fast die Hälfte aller Norweger lebt in den Städten, der Rest verteilt sich über das Land, nur 13 Einwohner pro Quadratkilometer im Schnitt – reichlich Platz also für Individualisten. Und genau deswegen kommen die meisten Urlauber mit dem eigenen Wohnmobil in das fünftgrößte Land Europas. Mit den beiden hier vorgestellten Routen in den Südwesten und hinauf bis zum Nordkap beschreiben wir genau jene Strecken, die die unglaubliche Vielfalt und Schönheit dieses Landes widerspiegeln.

Jedermannsrecht und -pflicht. Eine sensible Natur, die pfleglich behandelt werden muss. Insofern ist das »Jedermannsrecht« eine echte Herausforderung an alle gewissenhaft Reisenden – das Hohe Lied an die Eigenverantwortung sozusagen. Es basiert auf einer uralten, mündlich überlieferten Abmachung, die festlegt, dass sich in ganz Skandinavien jeder überall in der Natur frei bewegen kann. Allerdings nur zu Fuß, ohne Auto oder sonstwie motorisiert. Wandern, Beeren oder Pilze sammeln, Baden und sogar Zelten ist in Gottes freier Natur ungehindert möglich, sofern sie nicht von Menschenhand unter Naturschutz gestellt wurde. Ein heiliges Gut für alle Skandinavier, das leider allzu oft missbraucht, weil missverstanden wird. Natürlich zeltet man nicht in unmittelbarer Nähe eines Wohnhauses, und natürlich entfacht man kein Lagerfeuer bei Waldbrandgefahr, und natürlich nimmt man seinen Müll wieder mit. Aber was für die einen selbstverständlich, stößt bei zivilisationsgeschädigten Großstädtern aus dem Süden auf taube Ohren.

Bei Forsand überquert den Lysefjord eine Straßenbrücke. oben
Am Strand von Snogebæk auf der Insel Bornholm. Mitte
Unterwegs zum Nordkap zwischen Festland und der Insel Magerøy. Mitte
Die Hurtigrute verbindet die norwegischen Häfen zwischen Bergen und Kirkenes an der russischen Grenze. unten
Norwegen: Die Helgelandbrücke zwischen Alsten und Sandnessjøen. links

Aus dem Leben der Lappen: Nomaden des Nordens

Im Sommerlager der Samen, hier im Altafjord bei Toften. oben
Kunstvoller Schmuck. rundes Bild
Im Sommerlager bei Andselv. unten
Souvenirs der Samen sind bei Touristen sehr gefragt. rechts

Sagt Ihnen Sameoednäm etwas? Oder Lappi? Oder Sápmi? Vielleicht können Sie ja etwas mit dem Begriff Same anfangen. Aber ganz sicher mit Lappland, obwohl gerade diese Bezeichnung im hohen Norden einen faden Beigeschmack hinterlässt. Korrekt heißt die Region nördlich des Polarkreises nämlich Sameoednäm, Lappi auf finnisch. Sápmi hieß das Land, bevor es unter den vier Staaten Norwegen, Schweden, Finnland und Russland aufgeteilt wurde, und Samen nennen sich die Bewohner Sameoednäm heute. Sagen Sie zu einem Samen nie Lappe, Sie würden ihn einen »Ausgestoßenen« nennen. Same ist korrekt, es bedeutet so viel wie »Sumpfleute«. Und um die Verwirrung komplett zu machen, sei noch erwähnt, dass Skandinavier alles Land zwischen Polarkreis und Nördlichem Eismeer als Nordkalotte bezeichnen. So weit weg dieser wilde, schöne Landstrich unter der Mitternachtssonne und den Nordlichtern ist, so schwierig ist er auch für uns Mitteleuropäer zu fassen. Rund 70 000 Samen leben heute nördlich des Polarkreises auf einer Fläche von 260 000 Quadratkilometern über die vier Länder verteilt. Die Samen gelten als die Ureinwohner Skandinaviens und wurden vor mehr als tausend Jahren von den Germanen nach Norden verdrängt. Sie waren als umherziehende Nomaden nicht sesshaft und erst recht kein kriegerisches Volk, also bereitete ihnen diese Vertreibung kein Kopfzerbrechen. Sie zogen eher freiwillig von dannen und haben wohl nur deshalb überlebt. Nur noch wenige Familien betreiben heute professionell und genossenschaftlich organisiert eine Rentierzucht, in erster Linie zur Fleischproduktion. Keine Spur mehr von Romantik, Herdentrieb oder gar Nomadentum: Hubschrauber und schwere Landmaschinen erleichtern die Arbeit. Sofern es noch welche gibt, denn die sozialen Probleme in dieser strukturschwachen Region, vor allem die wenigen Möglichkeiten, für sein Auskommen zu sorgen, bereiten nicht nur den Samen, sondern auch den Verantwortlichen in den Hauptstädten Sorgen. Viele Samen vergleichen ihr Schicksal mit dem der Indianer in den USA, der Inuit in Kanada oder der Maori in Neuseeland und kämpfen für mehr Rechte und Privilegien, die ihrem bedrohten Volk eine Zukunft sichern sollen. aus vergangenen Tagen wieder gutmachen. So gibt es inzwischen Samen-Parlamente, Sameting, die für Landrechte und begrenzte Autonomie eintreten. Mit eher mäßigem Erfolg. Wer in Sameoednäm unterwegs ist, wird sich leicht ein Bild von der Schönheit der Natur und den Problemen der Menschen machen und sich über die Vergangenheit und Kultur im Museum Ajtte in Jokkmokk informieren können.

Von Umweltsünden können die Menschen im schönen Norden ein Lied singen, wie der Fliegenfischer irgendwo in Mittelnorwegen, der elegant die Rute schwingt, um dann die Fliege auf dem Wasser tanzen zu lassen. Neulich, erzählt er, habe jemand keine 50 Meter von ihm entfernt die Toilette eines Wohnmobils in den Fluss entleert. Da sei er durch das hüfthohe Wasser gewatet, habe den Mann zur Rede gestellt und zusammengestaucht. Seinen Fluss, sein Land so gedankenlos zu verschmutzen. Auf Knien entschuldigt habe sich der Fremde.

Ohne »Vorspiel« läuft nichts. Eigentlich sind Norweger aber gelassen, friedliebend, reserviert. Nur am Wochenende ist das anders, da tauen sie auf, und zwar nach dem »Vorspiel«. Es beginnt mit einer Einladung unter Freunden. Man trifft sich zu Hause, leert ein paar Flaschen, spürt die Stimmung steigen und macht sich schließlich gemeinsam auf den Weg in Kneipen, Bars oder Diskotheken, womit das »Vorspiel« beendet ist. Keiner weiß, wie dieses deutsche Wort eigentlich nach Norwegen kam und seither für die (billige) alkoholische Stimulation in den eigenen vier Wänden herhalten muss, aber alle benutzen ihn, und alle kennen auch die deutsche Bedeutung von »Vorspiel«. Das »Nachspiel« nimmt seinen Lauf am späteren Abend, an der heimischen Bar, versteht sich. Auch die Schweden kennen derlei Rituale, denn Alkohol ist überall ausgesprochen teuer und deshalb ein ganz besonders hoch geschätzter Genuss.

Heile Welt im Fernsehen. Schweden. Als Kinder saßen wir gebannt vor dem Fernseher und warteten darauf, dass Pippi Langstrumpf die Welt zum Narren hielt. Oder dass wir für eine halbe Stunde am bunten Treiben der Bullerbü-Kinder teilhaben durften. Diese Welt, wo war die nur? Wo lag dieser See mit dem knatschroten lustigen Haus in der Sumpfdotterblumengrünewieselandschaft? Es musste eine heile Welt sein, eine von einem anderen Stern. Wo die Mädchen am Mittsommerabend hinauslaufen, um Blumen zu pflücken. Sieben verschiedene Blümelein müssen es sein, und mit diesem Sträußchen unter dem Kopfkissen schlafen sie ein und träumen von dem Mann, der sie zum Traualtar führen wird. Wo gesunde Nadelbäume aus moosbedecktem Boden wachsen und sprudelnde Bäche in schlafende Seen münden. Dieses Schweden, das wir alle kennen, es beginnt direkt hinter der Ostsee.

Der Winter ist lang und hart im Norden. Wer mit dem Auto in Norwegen, Schweden oder Finnland unterwegs ist, muss mit schneebedeckten Fahrbahnen rechnen. oben Schneefräsen verhindern meist chaotische Straßenverhältnisse. unten Erlebnisse der besonderen Art: Schneelandschaft an der Straße nach Dalsnibba links und der Briksdalsbre, ein gewaltiger Gletscherarm. Mitte

Mystische Nächte: Das Nordlicht lockt

Die Wikinger nannten die Schweife am Firmament des »Himmels Herdfeuer«. Obwohl es heute für das Nordlicht sachliche Erklärungen gibt, hat es nichts von seinem Zauber verloren.

Eigentlich schade. Für die meisten Skandinavien-Urlauber bleibt es im Dunkeln, das Nordlicht. Nicht etwa, weil sie keinen Sinn dafür hätten oder nicht mit offenen Augen das Land bereisten, nein, der Grund ist viel banaler: Sie sind im Sommer unterwegs. Und dann gibt es statt Nordlichtern die Mitternachtssonne. Nun kann man sich streiten, was schöner ist. Mystischer sind auf jeden Fall die Nordlichter, jene nach der römischen Göttin der Morgenröte benannten Aurora borealis. Aber auch Sommertouristen können sich ein Bild von diesem rätselhaften Leuchten machen, das den Wikingern noch wie des »Himmels Herdfeuer« vorkam. Im Nordlichtplanetarium in Tromsø nämlich, wo dem himmlischen Naturphänomen wissenschaftlich auf den Grund gegangen wird. Verantwortlich für das Schauspiel ist die Sonne: Sie schleudert Elektronen und Wasserstoffatome in den Weltraum. In Höhen zwischen 100 und 300 Kilometern treffen sie auf die Erdatmosphäre und versetzen dort Stickstoff- und Sauerstoffatome in Schwingung, das Resultat sind leuchtende Farbschleier im roten, blauen und grünen Farbenspektrum. Der Himmel brennt. Und weil die Partikel von den magnetischen Polen angezogen werden, tun sie dies nur in den nördlichen bzw. südlichen Breiten. Je näher der Farbschweif der Erde kommt, desto deutlicher sind seine Konturen, vorausgesetzt natürlich, kein Wölkchen trübt den Himmel. Man hat errechnet, dass eine Stunde kontinuierlicher Polarlichter eine Energie von rund 100 Milliarden Kilowattstunden freisetzt. Damit könnte der gesamte europäische Kontinent über die nächsten Jahre mit Energie versorgt werden.
Für die Entdeckung, wie die Aurora borealis zu Ökostrom werden kann, würde Oslo vermutlich den Nobelpreis stiften ...

Dagegen ist die Mitternachtssonne aus ökologischer Sicht der Energiespender schlechthin. Rund um die Uhr ist es hell; im Sommer sind Glühbirnen in Skandinavien echte Ladenhüter. Dann will die Sonne nördlich des Polarkreises nicht untergehen. Aber auch südlich davon wird die Nacht zum Tag, müssen sich Körper und Geist daran gewöhnen, mit weniger Schlaf auszukommen.
Das gelingt Isländern und Norwegern, Schweden und Finnen auch deswegen so gut, weil sie sich einreden, in den hellen Sommermonaten so viel Licht zu tanken, dass sie den dunklen Winter überstehen. So geht am Nordkap die Sonne zwischen dem 14. Mai und 29. Juli nicht unter, und selbst in Bodø am Polarkreis strahlt unser lebenspendender Himmelskörper zwischen dem 4. Juni und 8. Juli ohne nächtliche Unterbrechung (diese Zeitangaben können übrigens von Jahr zu Jahr leicht variieren). Echte Sonnenanbeter machen auf Spitzbergen Urlaub – hier gibt es Sonne (fast) ohne Ende.

Erlebnis Stockholm. Und schon ist man in Schonen oder Småland, in Blekinge oder Götland, den beliebtesten Ferienregionen im Süden. Oder man macht sich auf, durch Schweden hinauf bis zum Nordkap zu fahren – beide Alternativen, Schweden kennen zu lernen, stellen wir in diesem Buch vor. Und natürlich Stockholm, gemeinsam mit den anderen Hauptstädten Skandinaviens. Aber dieses Stockholm tanzt irgendwie aus der Reihe, diese fröhliche Stadt im, am, auf dem Wasser. Jeder, der im Land unterwegs ist und Stockholm links liegen lässt, bringt sich selbst um ein Erlebnis. Kein Wunder also, dass Silvia Sommerlath hier hängen blieb. 1976 ehelichte die damalige deutsche Chef-Hostess einen Schweden, der nebenbei auch noch König war. Inzwischen haben Silvia, die fortan Ihre Königliche Majestät war, und Carl XVI. Gustaf drei Kinder, engagieren sich in sozialen Fragen genauso wie in der Umweltpolitik und haben der schwedischen Krone einen ganz neuen Glanz verliehen: Keine Skandale, noch nicht mal Skandälchen sind aus dem Hause der Bernadottes je zu hören gewesen.

Musikalische Spitzenklasse. Apropos Glanz. 1974 tauchten vier junge Schweden praktisch aus dem Nichts auf, sangen im europäischen Schlagerwettbewerb ihr »Waterloo« und durften sich wie im Schlaraffenland fühlen: Egal was Agneta und Anna-Frid, Benny und Björn künftig produzierten, die Welt lag ihnen zu Füßen; zweihundert Millionen Platten verkauften sie rund um den Globus. Im Windschatten von ABBA entstanden Bands wie Aha, Ace of Base, Roxette, und alle schwedischen Bands zusammen erwirtschaften heute weltweit 250 Millionen Dollar Umsatz pro Jahr. Damit rangiert die schwedische Musikindustrie hinter den USA und England auf dem dritten Platz.

Der Glanz hat Kratzer bekommen. Noch bis in die 1980er Jahre boomte die schwedische Wirtschaft und setzte mit den Schwedenhappen oder dem Schwedenstahl Maßstäbe an Qualität und Solidität. Und dann das so oft zitierte »Schwedische Modell«: Es stammt aus der Zeit florierender Konjunktur und war gedacht als Mittelweg zwischen Kapitalismus und Sozialismus. Hohe Steuern sollten den starken Staat in die Lage versetzen, sich solidarisch um seine Bürger zu kümmern, ihnen ein »sorgenfreies Leben« in der neuen schwedischen Gesellschaft, liebevoll »Volksheim« genannt, zu sichern. Inzwischen hat es Federn lassen müssen: Die Steuern sind immer noch hoch, aber mit der Ölkrise Anfang der siebziger Jahre des vergangenen Jahrhunderts begann die Wirtschaft zu »schwächeln«. Leistungen, vom kostenlosen Arztbesuch bis hin zur einheitlichen Volksrente, wurden eingeschränkt. Aus dem Wohlfahrtsstaat Schweden wurde ein »Wallfahrtsstaat«, in den all jene pilgern, die sich über den inzwischen harten Sparkurs informieren wollen. Auch Maxim Gorki reiste um die Jahrhundertwende nach Schweden, freilich weniger um Steuermodelle unter die Lupe zu nehmen. Der große russische Schriftsteller liebte Skandinavien, vor allem aber Finnland.

Ein Juwel in der Krone. Maxim Gorki brachte Finnlands Einzigartigkeit auf den Punkt: In der Krone, die unser Planet trage, sagte er, sei Finnland eines der kostbarsten Juwelen. Die Finnen selbst meinen

Zeit für Muße an der Reling im Abendlicht zwischen den Stockholmer Schären. oben
Autofahren durch Finnlands Wälder ist Sightseeing auf entspannende Art. Mitte
Morgens auf der Landstraße. unten

An Jütlands Stränden bei Blokhus kann man kilometerweit reiten. oben
Norwegens größter Nationalpark, die Hochebene Hardangervidda, ist ein Paradies für Wanderer. Mitte

es weniger prosaisch, eher hintersinnig, wenn sie sagen: »Finnland ist Wald, und er verbirgt fünf Millionen Menschen.« Dazwischen liegt im »Land der Tausend Seen« Wasser. Über die Werbewirksamkeit dieses Slogans lässt sich streiten, trifft er die Wahrheit doch nur unzureichend: Finnland hat nämlich exakt 187 888 Seen. Und 179 584 Inseln. Und 600 Flüsse. Und 1100 Kilometer Ostseeküste. Summa summarum ergibt das eine Uferlinie, die sechsmal um den Erdball reicht.

Der Weg ist das Ziel. Der Glanz dieses landschaftlichen Edelsteins beginnt gleich hinter Helsinki, beim ersten Kontakt mit der einmaligen Landschaft, wenn man den unverwechselbaren Duft von Wasser und Kiefernholz in der Nase spürt, die Saimaa-Seen vor Augen hat oder mit ganz viel Zeit bis hinauf nach Lappland will. Finnland tut alles, um wirtschaftlich, politisch und kulturell mittendrin zu sein. Beispiele? Die berühmte »Schlussakte von Helsinki«, elementares Dokument der KSZE (Konferenz für Sicherheit und Zusammenarbeit in Europa); Helsinki begann das neue Jahrtausend als Kulturhauptstadt Europas; der finnische Ministerpräsident Ahtisaari vermittelte erfolgreich im grausamen Kosovo-Krieg; bei der PISA-Studie belegen finnische Schüler in allen Disziplinen regelmäßig die vorderen Plätze.

Finnische Sehnsucht. Es sind auch solche Erfolge auf der politischen Weltbühne, die die Finnen trotz ihrer geografischen Randlage zu selbstbewussten und stolzen Europäern machen: »Schweden sind wir nicht, Russen wollen wir nicht werden. Lasst uns also Finnen sein«, verkündete der Staatsmann J. V. Snellman im 19. Jahrhundert und traf die finnische Sehnsucht nach Unabhängigkeit mitten ins Herz. Seit Beginn des 20. Jahrhunderts hat sie sich erfüllt, nachdem Schweden und Russen sich mit der Besetzung des Landes abgewechselt hatten.

Tango mit der finnischen Seele. Da kam ein Komponist wie Jean Sibelius gerade recht. Die Themen seiner mal heiteren, mal tragenden Musik fand er in der Natur genauso wie in der Kalevala, dem finnischen Nationalepos mit karelischen Versen und Texten. Wenn es stimmt, dass die Kraft einer kleinen Nation in ihrer Feier-Kultur liegt, dann ist es um Finnland gut bestellt: Das Fünf-Millionen-Volk feiert ebenso im Rahmen großer Festivals wie auf kleineren Schauplätzen. Dann kann es passieren, dass man sich als Besucher im Sommer die Augen reibt, wenn fröhliche Finnen verführerisch »ihren« Tango tanzen: Der Tango, sagen die Finnen, habe in Wahrheit eine finnische Seele. Vor Überraschungen ist man im Norden nie sicher.

Die Erde lebt. Davon können die Isländer ein Lied singen. 8000 Meter schoss die Lavafontäne in den Himmel, als 1973 der Vulkan auf der Insel Heimaey aktiv wurde. Sie vergrub Häuser, überschüttete Straßen, gab der Landschaft ein neues Gesicht. Natürlich kehrten alle rund 5000 Bewohner nach der Katastrophe wieder auf ihre Insel zurück. Die Isländer wissen, dass sie auf einem Pulverfass leben und werden beharrlich den Naturgewalten die Stirn bieten. Das tun die Menschen schon seit Anfang des 9. Jahrhunderts, als die Insel von irischen und schottischen Mönchen besiedelt wurde. Keine hundert Jahre später kamen die Wikinger aus Norwegen, Islands Besiedlung nahm ihren Lauf.

Energie. Geologisch ist die Insel das jüngste Land auf dem Globus. Die Erdkruste ist dünn unter den Felsen und Gletschern, wo die mächtige amerikanische und eurasische Platte zwischen Arktis und Antarktis zusammenstoßen. Unterirdische Kräfte setzen unbändige Energien frei. Sie lässt heiße Fontänen aus Erdlöchern sprudeln und donnert in Wasserfällen zu Tal. Während diese Kräfte gebändigt werden konnten, brachten fehlgeleitete energiegeladene Wirtschaftskreise 2008 das Land fast an den Ruin. Die Expansion der isländischen Banken ins europäische Ausland führte dazu, dass durch die weltweite Finanzkrise nicht nur die Geldhäuser der Insel, sondern die gesamte isländische Wirtschaft zu kollabieren drohte. Die Rettung funktionierte nur durch Milliardenkredite, die andere Länder zur Verfügung stellten.

Abenteuer gratis. Zwanzig Millionen Jahre ist die Entstehungsgeschichte der Insel erst alt, und sie wird noch viele Eruptionen über sich ergehen lassen müssen. Diese Erschütterungen haben aber auch positive Auswirkungen, auf den Tourismus zum Beispiel. Viele der 140 Vulkane Islands schlummern zwar vor sich hin, wirtschaftlich sind sie aber äußerst aktiv: Islands Tourismusbranche boomt, Erlebnisurlaub lässt sich in Island wunderbar gestalten. Tatsächlich werden alle Sinne gefordert, um die herbe Schönheit des Landes aufzusaugen. Hier gibt es den gewaltigsten Gletscher Europas, den Vatnajökull, mit 8456 Quadratkilometern etwa so groß wie Korsika; Vulkane und Geysire liegen hier so dicht wie sonst nirgendwo auf der Welt nebeneinander; der Dettifoss ist der mächtigste Wasserfall Europas; die zahllosen Flüsse werden von Wassersportlern als die besten, wildesten, spannendsten der Welt beschrieben. Island wird nie stillhalten.

Diese Welt macht süchtig. Egal wie man seinen Weg zu den Traumstraßen findet: ob durch Dänemark und das Nadelöhr Øresundbrücke, um auf dem schnellsten Weg nach Skandinavien zu kommen, ob auf der Fähre, um den salzigen Duft der See zu schnuppern, oder mit dem Flieger, um Feuer zu fangen von Island. Egal ob man Landschaften aus dem Autofenster erlebt oder eine Region von seiner Ferienhütte aus erkundet. Hinter Flensburg und erst recht hinter Skagerrak und Kattegat wird es irgendwie anders: mehr Raum zum Leben, mehr Luft zum Atmen, mehr Toleranz. Das ist der Norden.

Die zauberhafte Landschaft des Nordens kann man nicht nur mit dem Auto, sondern auch mit dem Fahrrad erobern. oben
Finnlands Saimaa-See lässt sich am besten vom Ruderboot aus erkunden. unten
Der Bootshafen von Naantali an der finnischen Westküste ist einer der hübschesten des Landes. links

Route 1
Von Tønder nach Flensburg

Man muss gar nicht weit fahren, das Ferienparadies liegt direkt vor unserer Haustür. Auf der Rundreise durch Jütland geht es zu den feinsten Badestränden zwischen Nord- und Ostsee, durch abwechslungsreiche Landschaften, in gemütliche Städte und zu den zahlreichen kulturellen Highlights unserer Nachbarn.

Überwältigender Blick in die weite Landschaft vom Leuchtturm von Blåvandshuk im westlichsten Teil Jütlands.

An den weiten Stränden Jütlands

Die endlose Weite des Wattenmeers spüren und zeitlos an den ausgedehnten Stränden der Jammerbucht dösen, Städte wie Ålborg und Århus erkunden und auf den Spuren der Wikinger wandeln – es ist der Reiz der Abwechslung, der Dänemark so interessant macht. Und wer einmal in Jütland war, der kommt bestimmt wieder, auf eine der vielen dänischen Inseln in der Ostsee.

Fein gemacht für den Feiertag: Mädchen von der Insel Fanø in Festtagstracht.

In Dänemark kommt man ohne Probleme mit der deutschen Sprache zurecht. Wer aber seinem dänischen Gastgeber eine Freude machen will, sollte mal mit einem freundlichen Lächeln im Gesicht einen Satz formulieren wie: »Es ist so wunderschön hyggelig bei euch.« Wer Dänemark »hyggelig« findet, der hat den dänischen »way of life« verstanden: eine Mischung aus Ruhe, landschaftlichen Reizen und netter häuslicher Atmosphäre. Gemütlichkeit pur eben. Und genau so ist Dänemark, ein unspektakuläres Feriенziel direkt vor unserer Haustür, mit über 7000 Küstenkilometern. Und 18 Millionen Ferienhaus-Übernachtungen pro Jahr – es sind fast ausschließlich Deutsche, die in einem der 200 000 Bungalows einen »hyggeligen« Urlaub verbringen. Und die meisten davon fahren nach Jütland.

Dänische Gemütlichkeit. Mit Beginn und Ende der Ferien ist die Meldung im Radio fast schon obligatorisch: Stau auf der A7 vor dem Grenzübergang nach Dänemark. Je nach Tageszeit ist es dann sinnvoll, auf die Bundesstraße 5 im Westen auszuweichen und *Tønder* anzusteuern. Der Ort liegt nur ein paar Minuten hinter der Grenze, aber schon hier bekommt man einen ersten Eindruck von dänischer Gemütlichkeit. Und *Møgeltønder* gleich nebenan macht dieses Bild perfekt: Die 1680 angelegte Dorfstraße mit strohgedeckten Ziegelhäuschen und dem alten Pflaster gilt als die schönste im ganzen Land. Auf dem Weg nach Ribe lohnt ein kleiner Umweg über die Hauptstraße 25 nach *Løgumkloster*. Die Kirche mit reichlich schmuckhaftem Innenleben ist das Überbleibsel eines Zisterzienserklosters aus dem 12. Jahrhundert.
Bereits eine halbe Stunde später duftet es wieder nach Weihrauch – in der Domkirche von *Ribe*. Rund um den mächtigen Turm, der das Stadtbild beherrscht, lebt die Renaissance: Keine andere dänische Stadt hat mehr Fachwerkhäuser, und bei einem Bummel durch die engen, mittelalterlichen Gassen wird schnell klar, dass es auch früher schon äußerst »hyggelig« in Dänemark gewesen sein muss.

Lebensraum Wattenmeer. Wer in Dänemark Ferien macht, der kommt ja auch (und vielleicht gerade) des Meeres wegen. Überall in Jütland schmeckt man den salzigen Duft der nahen See, und so sollte man auf der Fahrt nach Esbjerg unbedingt einen Abstecher zum Wattenmeer machen. Es reicht von den Niederlanden bis hierher, zur Insel Fanö, und wurde 2009 zum UNESCO Weltnaturerbe erklärt. Grauschwarzer Schlamm, so weit das Auge

Fährmänner haben viel zu erzählen. So lässt sich beim Plausch auf der Fähre über den Rondersfjord einiges in Erfahrung bringen.

Tønder ist viel zu schön, um es links liegen zu lassen. Viele machen hier gleich nach der Grenze Station. oben
Auch im Norden ist das Wetter oft so schön, dass das Cabriolet offen bleibt. Mitte
Von ihr träumt mancher Fischer in der Nacht ... unten
Nicht nur für Kinder ist eine Wattwanderung, wie hier bei Ribe, ein Ereignis, zumal man dabei eine Menge über das vielfältige Leben im Meeresboden lernt. rechts

reicht, und man kann sich kaum vorstellen, dass dies ein idealer Lebensraum für unendlich viele kleine und große Tiere ist, von winzigen Mikroben über allerlei Kriechtiere bis zu stattlichen Fischen und Vögeln. Zweimal pro Tag überflutet das Meer den Wattboden, schwemmt reichlich Nährstoffe an und bildet so die Grundlage für eine phantastische Nahrungskette. Barfuß durch das Watt stapfen, dem Knatschen und Glucksen unter den Füßen lauschen, nach Wattwürmern suchen und dem abfließenden Wasser in den vom Meer gebauten Sielen und Kanälen folgen – da vergisst man die Zeit. Aber wenn das Wasser langsam wieder seinen Lauf ändert, dann kommt die Flut – nix wie weg!

»Der Strand lag mit angespülten Medusen wie Gelee ..., die Dünung bildete mancherorts Brandung und auch Strudel; kleine Muscheln, sonst nur weißer Sand, bald erschien die Skagener Kirche, die Leuchttürme.«

Hans Christian Andersen, 1859

Der Duft von Fernweh: Das ist Esbjerg. Hier starten die Fähren nach England und Island, und die mächtige Fischfangflotte macht Esbjergs Hafen zum größten des Landes. Dahinter beginnt Dänemarks Badekultur: Nordsee aus dem Bilderbuch. Feinsandig ist der Strand, mal ruhig, mal brausend das Meer, mal sanft, mal steil sind die Dünen. Es gibt viele hübsche Orte an der dänischen Westküste, und selbst in den vollen Sommermonaten findet jeder ein lauschiges Plätzchen.

Surf-Spaß für alle. Auf knapp 40 Kilometern führt die Landstraße 181 zwischen Nymindegab und Søndervig am Wasser entlang, links das Meer und rechts der *Ringkøbing Fjord*, der eigentlich eine Lagune ist, ein breiter Binnensee mit einem wirklich winzigen Zugang zum Meer bei Hvide Sande.
Hier ist der Top-Spot für furchtlose, abenteuerlustige Surf-Freaks, denen Windstärke zehn gerade recht ist. Für alle anderen, die es weniger stürmisch lieben, ist der Ringkøbing Fjord die passende Alternative.

Längst hat eine große Surfgemeinde das Gewässer in Besitz genommen, denn der Dünengürtel *Holmsland Klit* sorgt für geradezu idealen Surf-Spaß, weil er einen natürlichen Schutz vor allzu heftigen Meeresbrisen bildet.

Richtung Norden geht es auf der Hauptstraße 28 über *Ringkøbing*, das mit seinen kopfsteingepflasterten Straßen zum Bummeln einlädt, nach *Lemvig*. Hier lohnt es sich, das Auto gegen ein Fahrrad einzutauschen und auf dem »Planetenweg« über

Blick auf Ribe. rechts
Radfahrer kämpfen gegen den Wind auf dem Damm von Jütland nach Rømø. oben
Die Rosengade von Randers. Mitte
Leuchtturm von Blåvandshuk. unten

eine Strecke von 12 Kilometern am Limfjord entlang in unser Sonnensystem – im Maßstab 1:1 000 000 000 – einzutauchen. Zur Nordseite des Fjords gelangt man über die Straße 181 zur Harboor-Landzunge, von wo aus man mit der Fähre übersetzt (Dauer der Fährfahrt: ungefähr zehn Minuten). Von dort führt die Straße auf dem schmalen Damm über Agger nach Hurup. Ganz nah am Meer entlang kann man das aufregende Bulbjerg über die Landstraße 569 innerhalb einiger weniger Minuten erreichen.

Jammerbucht als Freudental. Hinter Lild Strand führt ein Feldweg Richtung Meer, und bald blickt man von einem 50 Meter hohen Hügel hinaus auf die See, auf die Jammerbucht, die Touristenhochburg Dänemarks. Aber selbst an den Stränden zwischen Blokhus und Løkken, wo sich Zeltplatz an Zeltplatz und im Sommer Auto an Auto reihen, findet man immer ein »hyggeliges« Plätzchen am Strand. Die *Jammerbucht* reicht hinauf bis nach Skagen, der nördlichen Landspitze, die den Skagerrak vom Kattegat trennt. Im Sommer ist die Jammerbucht ein Freudental – es sei denn, 14 Tage nordeuropäisches Schietwetter drücken auf die Stimmung, dann kann die Jammerbucht schon mal zum Jammertal werden.
Aber da gibt es ja noch die netten Ausflugsziele im Hinterland, wie *Børglum Kloster*. Wenige Kilometer von Løkken entfernt, thront das gewaltige Kloster auf einem einsamen Hügel. Es ist eine der ältesten historischen Stätten Dänemarks; auch König Knud der Heilige weilte anno 1086 auf seinem Königshof in Børglum, als er

heftigen Ärger mit den Bauern bekam. Dieser endete für Knud schließlich tödlich. Um das Jahr 1750 wurde das Kloster mit seinem imposanten, immerhin 12 Meter hohen Altar dann grundlegend im barocken Stil umgebaut.

Monumentale Aushängeschilder. Auch *Hjørring*, etwa 20 Kilometer von Løkken entfernt, hat Kunst- und Kulturliebhabern Monumentales zu bieten: Künstler aus der umliegenden Region Vendsyssel haben im Auftrag der Stadt insgesamt 140 Skulpturen geschaffen und sie überall im Ort verteilt. Selbst vor Industrieanlagen machten Steinmetze und Bildhauer nicht halt. Jene stehen damit in gewisser Konkurrenz zu den drei mittelalterlichen Kirchen, die das Stadtbild prägen und offiziell als Aushängeschild gelten.

Die Entdeckung des Lichtes. Am Ende der Europastraße 39 liegt *Hirtshals*, eigentlich eine einzige große Hafenanlage für den Fährverkehr nach Kristiansand in Südnorwegen (mit der Schnellfähre in 2,5 Stunden) und der norwegischen Hauptstadt Oslo. Museumsliebhaber sollten aber unbedingt einen Abstecher in das Nordseemuseum machen, das einen umfassenden Einblick in das maritime Leben zwischen den beiden Meeren liefert. Dann folgt dem theoretischen Anschauungsunterricht die Praxis, am nördlichsten Punkt des dänischen Festlands in *Skagen*, zwischen Skagerrak in der Ostsee und Kattegat in der Nordsee. Die Menschen schwärmen vom einzigartig hellen Licht dieser Gegend. Tage ohne Wind allerdings lassen sich an einer Hand abzählen. Die Maler, die Ende des vergangenen Jahrhunderts Skagen entdeckten, waren von der Landschaft fasziniert, vor allem aber von der reinen, ungetrübten Klarheit des Lichtes. So trafen sich um die Jahrhundertwende die »Skagenmaler« um Peter Severin Kroyer und Anna Ancher, die eigentlich Brondum hieß und die einzige war in dem erlauchten Künstlerkreis, die aus Skagen stammte. Auch heute noch zieht es Maler hierher. Ihre Bilder und Ateliers stehen im Wettstreit mit der Wanderdüne Rabjerg Mile, wer oder was denn nun die Hauptattraktion Skagens sei.

Ostsee von der sanften Seite. Nach so viel Kultur kommt *Frederikshavn* gerade recht – vorausgesetzt, der Sinn steht einem nach Bummeln, denn Frederikshavn ist ein Einkaufsparadies. Für ein paar Stunden Strandleben eignet sich *Sæby*, 10 Kilometer südlich von Frederikshavn, ein idyllischer »Ort an der See« (das heißt Sæby übersetzt) mit einem sehr schönen Strand. Hier findet auch Papa seine Ruhe: keine wilden Nordseewellen, die dem Nachwuchs gefährlich werden könnten, nur sanfte Brandung in flachem Wasser, Ostsee eben. Von hier aus lohnt sich ein Ausflug nach *Ålborg*, der Heimat des berühmten Kümmelschnapses. Dänemarks viertgrößte Stadt vereint Fortsetzung Seite 36

An den endlosen Stränden findet garantiert jeder seinen Lieblingsplatz oben
Auch als diese Bademode modern war, galt Henne Strand schon als bekanntes Seebad. Mitte
Ålborg, Dänemarks viertgrößte Stadt, blickt auf eine lange Handelstradition zurück. Bekannt geworden ist die Metropole am Limfjord unter anderem durch den berühmten gleichnamigen Kümmelschnaps. unten

Bornholm: Porträt einer Insel

Gerade der breite Sandstrand von Dueodde unten an der Südostspitze der Insel lockt seit jeher Touristen an. Auch Städte, wie Gudhjem oben, oder die Windmühlen, wie die von Arsdale, sind Ausflugsziele.

Sonne, nichts als Sonne. Das war die Aussage der (braun gebrannten) Nachbarn, nachdem sie mal wieder vom Urlaub auf Bornholm zurückgekehrt waren. Das restliche Dänemark, Deutschland, ja ganz Europa mag im Sommerregen versinken – auf Bornholm aber scheint die Sonne. Tatsächlich weist die Statistik für die »Sonnenscheininsel« mehr sonnige Stunden aus als auf dem benachbarten Rügen – eine Laune der Natur, die neben Feigenbäumen mit leckeren Früchten auch Weintrauben wachsen lässt. Der daraus erzeugte Rebensaft ist wohl mehr eine Laune der Hobbywinzer. Ein kräftiges, wenn auch nicht ganz billiges dänisches Bier passt ohnehin besser zur kulinarischen Spezialität der Insel, einem Heringsgericht mit dem verführerischen Namen »Sonne über Gudhjem«. Es waren Fischer aus dem Ort Gudhjem im Nordosten der Insel, die vor fast zweihundert Jahren ihre Heringe über Erlenholz räucherten und so dem Fischfang Dampf machten. Unzählige Räuchereien entstanden, von denen einige noch heute in Betrieb sind. Ihre weiß getünchten Schornsteine verleihen der Insel einen fast mediterranen Touch. Und wenn man bei strahlend blauem Himmel, 28 Grad und einer lauen Brise nach Dueodde an den Strand fährt, dann wird's auf Bornholm im Norden Europas so richtig südländisch: Hier ist der Sand so fein, dass er früher für Sanduhren verwendet wurde. Nur das Bad in der Ostsee könnte zu jenem leichten, typisch nordischen Frösteln führen.

Knapp 46 000Menschen leben auf der Insel, und keiner weiß genau, wie viele von ihnen Maler, Glasbläser oder Keramikkünstler sind. Nach wie vor ist die Insel beliebtes Domizil unzähliger Kunstschaffender, vor allem die Keramik blickt

auf eine lebendige Tradition bis in die Anfänge des 19.Jahrhunderts zurück.

Da lassen sich leicht die passenden Urlaubsandenken finden, vor allem im Hauptort Rønne, aber auch in den Touristenzentren Allinge und Gudhjem, Svaneke und Neksø. Besonders Svaneke hat in den vergangenen Jahren einen Aufschwung erlebt und die anderen Ferien-

dörfer durch eine Reihe gelungener Modernisierungen überrundet. Und natürlich hat auch Bornholm »seine« Kultur, die Burgruine Hammershus zum Beispiel oder die Rundkirchen. Ein Besuch der Inselspitze im Norden lohnt sich allein schon wegen der mächtigen Felsen südlich von Hammershus. Über die Jahrhunderte war das mittelalterliche Gemäuer der Schlüssel für die Macht über die Insel, die abwechselnd von Dänen, Schweden und Deutschen ausgeübt wurde. Und so lässt sich leicht nachvollziehen, warum vier der insgesamt sieben Rundkirchen auf Bornholm stehen, dienten doch die Gotteshäuser ursprünglich auch als Schutzburgen. Trotz ihrer kriegerischen Vergangenheit gilt die Insel zu Recht als »Perle der Ostsee«.

Rund ums Räuchern

Da läuft einem doch das Wasser im Mund zusammen: frisch geräucherter Hering, Dorsch und Heilbutt und dazu der Duft von kokelndem Buchen- und Erlenholz. »Bornholmer« heißt der besonders fette Hering, der zur »Sonne über Gudhjem« wird, serviert man ihn mit kräftigem Brot, Zwiebeln und Ei. Entlang der 140 Kilometer langen Inselküste wird überall kalt oder warm geräuchert. Der »Bornholmer« bekommt sein einzigartiges Aroma nur durch eine besondere Kombination der beiden Räuchermethoden. Prinzipiell ist das kalte Räuchern bei Temperaturen zwischen 20 und 30 Grad schonender als das Warmräuchern bei bis zu 80 Grad Hitze. Dafür dauert es kalt auch rund 15 und warm nur rund zwei Stunden. Einen Einblick in die Kunst des Räucherns gibt die Museumsräucherei in Hasle; natürlich kann man auch probieren.

Auf Bornholm gehen die Uhren noch langsamer: der Hafen von Gudhjem links und Sandvig Allinge. oben
Eine typische Bornholmer Rundkirche, die Østerlarskirke. Mitte
Die »Bornholmerse« ist eine Räucherfischspezialität, die in diesen hohen Kaminen bei etwa 30 Grad Celsius kalt geräuchert wird. unten

Heute wissen, wer morgen zu Besuch kommt: Blick von Ribes Dom über das weite Land.

Malerische Straßen mit Kopfsteinpflaster sind in Dänemark noch häufig zu finden, wie in Århus unten und Grenå Mitte. Auf dem Land kann man prachtvolle Alleen bewundern, hier bei einem Gutshof auf Jütland. oben

Vergangenheit und Gegenwart: Neben einigen Wikingergräbern und Kirchen lockt der Erholungspark Tivoli mit allerlei neuzeitlichem Vergnügen.

Bildung, baden, bummeln. Alle Wege führen nach *Randers*, oder besser: hindurch. Der Ort ist eine Art Dreh- und Angelpunkt, denn Randers wird auch als die »Stadt der 13 Landstraßen« bezeichnet. Schöne alte Häuser prägen das Stadtbild und natürlich Houmeden, die erste Fußgängerzone Dänemarks. Dreizehn Kilometer außerhalb der Stadt liegt das barocke Schloss Clausholm, das im Lauf der vergangenen zwei Jahrzehnte kräftig, aber behutsam restauriert wurde. Sehenswert sind vor allem die symmetrische Bauweise des aus dem Mittelalter stammenden Schlosses und die Gartenanlage mit Park und Wasserfontänen. Apropos Wasser: Verlockend ist die See zum Beispiel bei *Århus*, der »kleinsten Großstadt der Welt« (laut sympathischer Eigenwerbung). Århus präsentiert sich als lebendige Stadt mit äußerst lebendigen Menschen, einer bunten Mischung von Hafen- und Industriearbeitern und vielen Studenten. Entsprechend vielfältig ist auch das Nachtleben, und Einkaufen lässt sich am besten im Quartier Latin (Assoziationen zum franzö-

sischen Vorbild waren bei der Namensfindung durchaus erwünscht).

»Trutzige« Geschichte. Auf der Fahrt Richtung Süden sollte man in *Kolding* einen Zwischenstopp einlegen, denn die Stadt mit der reizvollen Lage am Koldingfjord hat ein gemütliches Ambiente und mit Schloß Koldinghus ein einmaliges Wahrzeichen. Das 1268 erbaute Gemäuer war über Jahrhunderte eine Trutzburg dänischer Standhaftigkeit gegenüber deutschen Begehrlichkeiten und ist somit ein Symbol für die überaus bewegte deutsch-dänische Geschichte, denn noch bis 1864 verlief die Grenze zwischen dem dänischen Königreich und Schleswig-Holstein am südlichen Stadtrand.

Heringe zum Abschied. Hinter Åbenrå sollte man die Landstraße 170 noch einmal kurz verlassen, die Insel Als zwischen Fjord, Sund und Belt besuchen und bei einem Fischer anheuern. Denn überall in den kleinen Dörfern gibt es Boote, auf denen man sich Heringe für sein Abendessen selbst fangen kann. Es gibt wohl kaum einen passenderen Abschied, bevor man Dänemark, das von Meeren umspülte Land, endgültig verlässt und Flensburg heimische Gefilde ankündigt.

Am Strand von Fredericia im Østersund tummelt man sich in den Ostseewellen. links
Der Marktplatz von Haderslev zeigt sich als Schmuckstück. oben
Das rote Fachwerkhaus beherbergt die Eklers-Sammlung. unten

Planen und erleben ...

Kleiner-Belt-Brücke nach Fünen. oben
Das Kunstmuseum in Kolding zeigt Exponate in moderner Architektur. Mitte
Auch am Strand von Holmsland Klit ist viel Spaß unter freiem Himmel angesagt. unten

DIE HIGHLIGHTS

Wattenmeer

Der größte Teil des länderübergreifenden Naturschutzgebiets Wattenmeer liegt vor der deutschen Küste, aber dennoch gibt es zwischen Emmerlev und Esbjerg genügend Möglichkeiten, sich mit dem Watt anzufreunden.
Watt-Fans verbringen Stunden damit, den einzigartigen Lebensraum zu erkunden, während andere am Watt vor allen Dingen stört, dass man bei Ebbe geradezu endlos laufen muss, um ans Wasser zu kommen.
Wie auch immer man es betrachtet, das Watt ist ein wichtiger und schützenswerter Lebensraum für unendlich viele Tierarten und wurde zur Freude vieler Naturschützer im Jahre 2009 zum UNESCO Weltnaturerbe erklärt.

Jammerbucht

Insgesamt 40 Kilometer feinster Badestrand lassen das Herz eines jeden Sommerfrischlers höher schlagen. Auch wenn Hochbetrieb herrscht in den endlosen Ferienhaus-Siedlungen hinter den Dünen und wenn auf der Straße Auto an Auto parkt, wird es am Strand trotzdem nie brechend voll. Von der Nordsee weht immer eine Brise, mal steif, mal weniger steif, und so finden auch Surfer beste Voraussetzungen von Torup Strand, über Blokhus bis hinauf nach Hirtshals. Im Sommer ist Løkken ein Dorado für Vergnügungshungrige.

Skagen

Offiziell ist die Stelle schwerlich auszumachen. Deshalb kann jeder selbst den Ort bestimmen, wo er mit beiden Füßen ins Wasser geht und behauptet: »Mein linker steht in der Nordsee, mit dem rechten bin ich in der Ostsee.« Interessant ist die »versandete Kirche«, die nach einem Sandsturm 1775 wieder frei geschaufelt werden musste. 1795 gab man die Kirche auf, deren Inventar 1810 versteigert wurde. Den Turm ließ man als Seezeichen stehen. Einige Häuser Skagens wurden aus den Ziegeln der Kirche und der Kirchhofsmauer erbaut.

Frederikshavn

ist eine quirlige Kleinstadt, in der man seine Kronen ganz auf die Schnelle loswerden kann. Die Stadt mit dem alles überragenden Fährhafen wirbt mit dem Motto »Billigste Einkaufsstadt Dänemarks«. Deshalb steuern nicht wenige Norweger und Schweden Frederikshavn an. Bummeln in Übersee sozusagen, und sei es auch nur für einen Tag.

Århus

Der betriebsame Hafen und eine florierende Industrie, die angesehene Universität und eine lebendige Kultur machen aus der zweitgrößten Stadt des Landes (275 000 Einwohner) einen begehrten Ort zum Leben. Und das Wasser natürlich, denn nach nur 15 Fahrradminuten vom Zentrum ist der Badestrand erreicht. Im »Den gamle By«, einem Freilichtmuseum in der Nähe des Zentrums, wurden rund sechzig alte Häuser aus ganz Dänemark zusammengetragen und wieder aufgebaut. So entstand ein kleines Museumsdorf, das

Legoland

Wo steht die amerikanische Freiheitsstatue neben Schloss Amalienburg, der Eiffelturm in Nachbarschaft zum Weißen Haus, und wo fängt gleich hinter der Berliner Gedächtniskirche der Wilde Westen an? In Billund natürlich, im Legoland. Undenkbar, einen Urlaub in Jütland zu verbringen, ohne im Legoland gewesen zu sein. Mit 45 Millionen Lego-Steinen wurde hier die Welt in einen kindgerechten Maßstab versetzt. Im Hafen ankern Feuerlöschboote, Fährschiffe und ein Dreimaster; das Miniland zeigt den Alltag einer Stadt en miniature, und auf der Lego-Safari begegnet man vielen wilden Tieren – aus Lego-Steinen, versteht sich. Im Legoland sind die Kleinen ganz groß, und die Großen dürfen sich endlich mal wieder wie Kinder fühlen.

einen guten Einblick in das Leben vor rund 150 Jahren gibt; in einigen Geschäften kann man auch heute noch einkaufen.

Ålborg

Ålborg liegt am malerischen Limfjord und genau an der Verbindungsstelle zwischen Himmerland und Vendsyssel. Für die Vermarktung des wichtigsten Wirtschaftsguts der Stadt, des Kümmelschnapses, mag diese verkehrsgünstige Lage nicht unwichtig gewesen sein. Ålborg, Dänemarks viertgrößte Stadt, taucht bereits 1035 in verschiedenen Chroniken auf, aber es bedurfte erst der Erfindung des Destilliergeräts 1860, um Ålborg weit über seine Grenzen hinaus bekannt zu machen. Der Aquavit muss eisgekühlt getrunken werden, in eisgekühlten Gläsern – nur so macht er richtig warm ums Herz.

TIPPS FÜR UNTERWEGS

Reisezeit

Wer die Möglichkeit hat, sollte Jütland in der Vor- oder Nachsaison besuchen. Insider schwören auf den Mai oder den Oktober als beste Reisezeit, wenn die Strände noch oder wieder leer sind und das Land nicht unter den Menschenmassen stöhnt, die in den Ferien zwischen Juni und August die Gegend bevölkern. Nur ganz Mutige wagen im Frühjahr oder Herbst den Sprung in die eiskalte Nord- oder Ostsee, im Vordergrund der Erholung stehen zu dieser Zeit lange Spaziergänge an den endlosen Stränden.

Fahrradfahren

Dänemark ist ein ideales Land zum Fahrradfahren. Drahtesel für die ganze Familie kann man sich überall ausleihen. Mit einem speziellen Wegeverzeichnis findet man die schönsten Touren, und das Fahrradfahren in Dänemark wird auf diese Weise zu einem echten Erlebnis.

FKK

Wer am Strand spontan ein Bad nehmen möchte, kann das ohne weiteres tun, selbstverständlich auch ohne Badehose oder -anzug. Denn die Dänen sind sehr tolerant, und so überlassen sie es jedem selbst, wo er einen Strand für die Freie Körperkultur nutzen möchte.

Ein Däne würde sich nie an den Nackedeis stören, höchstens Urlauber. Und deshalb ist auch im liberalen Dänemark etwas Fingerspitzengefühl für einen FKK-Urlaub angebracht.

Eheschließungen

Selbstverständlich kann man auf seiner Urlaubsreise in Dänemark heiraten. Auch Eheschließungen unter Gleichgeschlechtlichen, die hierzulande noch nicht überall möglich sind, können in Dänemark vollzogen werden. So ganz spontan ist eine solche Entscheidung aber nicht zu bewerkstelligen, denn einige wichtige Dokumente müssen Heiratswillige schon vorlegen.

Entfernungen

km	Tønder	1054
	78 km	
78	**Esbjerg**	976
	80 km	
158	**Ringkøbing**	896
	221 km	
379	**Løkken**	675
	54 km	
433	**Frederikshavn**	621
	63 km	
496	**Ålborg**	558
	81 km	
577	**Randers**	477
	269 km	
846	**Kolding**	208
	208 km	
1054	**Flensburg**	km

Sonnenuntergang in der Jammerbucht bei Bulbjerg. oben
Auf die Insel Mandø führt keine Straße, sondern nur der Ebbevej. unten
Leuchttürme an den Küsten weisen den Schiffen den Weg. links oben
Die Frauenkirche von Århus. links unten

Route **2**

Von Oslo durch Norwegens Südwesten

Von Norwegens gemütlicher Hauptstadt zu den Sonnen-Inseln der Südküste und hinein in die gewaltige Natur der Fjorde: Auf der Tour durch den Südwesten Skandinaviens kommt man aus dem Staunen nicht mehr heraus.

Vom Wasser aus entfaltet Norwegens Natur seine ganz eigenen Reize, wie hier auf dem Geirangerfjord mit dem Blick auf Geiranger.

Wilde Natur im Fjordland

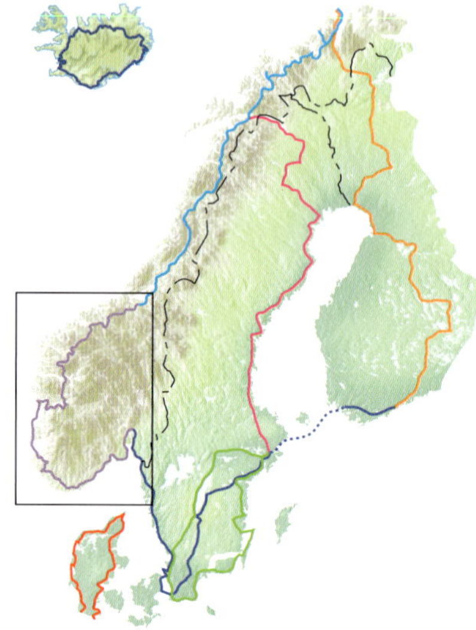

Ein vergnüglicher Einkaufsbummel in Oslos Karl Johansgate und später Faulenzen an der Sonnenküste Sørlands, Hochseeangeln vor Haugesund und dann hinein in die Wunderwelt der Fjorde – diese Tour durch den Südwesten Norwegens wird zu einem unvergesslichen Erlebnis. Öffnet man Herz und Verstand für die vielen Eindrücke, bietet der Südwesten Norwegens ein Fest für alle Sinne.

Trotz des allgemeinen Wohlstands, des wirtschaftlichen Fortschritts und der hektischen Betriebsamkeit unserer Tage pflegen die Menschen in den ländlichen Regionen noch ihre Traditionen.

Norwegen, der »Weg nach Norden«, beginnt auf dem Wasser, am besten in Kiel. Das Auto steckt im Bauch der Fähre, und nach einer 20-stündigen Überfahrt durch den Skagerrak läuft man am nächsten Morgen in den breiten, sanften Oslo-Fjord ein: viel Wasser, noch mehr Wälder, rot bemalte Häuser am Ufer und ferne, schneebedeckte Berge. Die Luft schmeckt frisch, das Herz schlägt schneller. Es ist die schönste Art, in Norwegen anzukommen.

Oslo ist nicht Norwegen. Paris mag ja typisch französisch sein, aber *Oslo* ist eben nicht typisch norwegisch. Mehr als 55 000 Küstenkilometer mit Fjorden und Inseln, nur 13 Einwohner pro Quadratkilometer, 1725 Kilometer auf der Strecke von Süden nach Norden und nur 6,3 Kilometer an der schmalsten Stelle zwischen Ost und West – das ist Norwegen. Da ist Oslo viel zu normal, zu europäisch, eine Stadt wie andere auch. Sie hat es aber in den vergangenen Jahren geschafft, trotz kräftigen Wachstums in vielerlei Hinsicht ihren provinziellen Charme zu erhalten (siehe Seite 130 ff.).

An der Küste südwärts. Vom Fährhafen führt die E 18 nach Süden in Richtung *Drammen*, einer bedeutenden Industriestadt. Die Europastraße verläuft nicht direkt an der Küste entlang. Wer also Dörfern wie Åsgårdstrand, Stavern oder Ula mit seinem herrlichen Strand einen Besuch abstatten und ein Bad im Oslo-Fjord nehmen möchte, muss die Hauptstraße verlassen und auf kleinen Nebenstrecken weiterfahren. *Sandefjord* galt um die Jahrhundertwende als die führende Walfangstadt der Welt; davon kann man sich im Walfangmuseum ein zwar eindrukksvolles, aber für Tierfreunde auch trauriges Bild machen. Heutzutage werden Wale weltweit geschützt, aber Norwegens Regierung gibt immer wieder grünes Licht für die jährliche Jagd auf bis zu 800 Zwergwale und sorgte damit für heftigen Streit zwischen Walfängern und »Walknutschern«, wie die Tierliebhaber ironisch genannt werden. In Sandefjord spielt der Walfang heute allerdings keine Rolle mehr.

Liebliche tiefe Buchten. Obwohl es auf der Karte eigentlich wie ein Katzensprung aussieht, liegen bereits knapp 350 Kilometer zwischen *Kristiansand* und der Hauptstadt. Christian IV. ließ den Ort Mitte des 17. Jahrhunderts als Festung im Schachbrettmuster errichten. Mehrere Brände haben der Stadt seither arg zugesetzt, dennoch sind viele der kleinen schnuckeligen Holzhäuser gut erhalten. Wichtigster Wirt-

Die Flaniermeile eines »großen, sympathischen Dorfes«: Oslos Einkaufsstraße, die Karl Johansgate, zwischen Hauptbahnhof und Königlichem Schloss.

schaftsfaktor ist der Tourismus: Massen von Urlaubern, die mit der Fähre von Dänemark übersetzen, beginnen ihren Norwegen-Urlaub an der Sonnenküste von Sørland. Nicht wenige nehmen direkt Kurs Richtung Westen auf der E 39. Ihr (PS-starker) Tatendrang wird aber schon nach den ersten Kilometern gebremst: Wo die Straße nah an der Küste entlangführt, ist es reichlich kurvig, es geht rauf und runter. Wer bisher dachte, Norwegen sei rau, kühl und fast unnahbar, wird sich fragen, wo er eigentlich ist: viele felsige Inseln, tiefe Buchten mit ihren weißen Fischerhäusern und kleinen Stränden. Ist er nun in der Ägäis oder doch im hohen Norden Europas?

Raues Fjordland. Spätestens wenn der erste Fjord die Landschaft teilt, wird der Reisende in die Realität zurückversetzt. Dennoch geht der Traum weiter: Auch wenn der *Listfjord* relativ klein ist, bietet er einen gewaltigen ersten Eindruck. An seinem westlichen Ende liegt *Flekkefjord*, das unter Seglern für die traumhafte Einfahrt bekannt ist. Statt auf der E 39 durch das Landesinnere sollte man sich für die so genannte »Nordseestraße«, die 44, entscheiden, eine Traumroute direkt an der Küste entlang. Fischereihäfen wechseln sich ab mit Badebuchten, und an der rauen Küste der Region *Jæren* hat in früheren Zeiten so mancher Segler Schiffbruch erlitten. Eng und verwinkelt sind die Gassen von *Egersund*, denn die Stadt liegt eingebettet zwischen Felsen. Die schlichte Holzkirche aus dem 17. Jahrhundert ist durchaus sehenswert.

Die Kanzel wartet. Sie gehört zu den absoluten Highlights der Tour, ist das Naturereignis im südlichen Westen: der *Prekestolen*, zu deutsch: die »Kanzel«. Ungefähr zwei Stunden dauert der Fußmarsch von der Prekestolhytta hinauf zur quadratischen, flachen Plattform. Von dort geht es nur noch hinab: 597 Meter, die Schwindelfreiheit testen – so steil kann also senkrecht sein. Es ist schon ein berauschender Ausblick auf den Lysefjord und

»... Versuch, das Frühlicht der Küste von Jæren zu beschreiben. Vor allem ist dieses Licht still. Der Flügelschlag einer Möwe erscheint in ihm als schwarzes, weiß gebändertes Zeichen. Zeichen wovon? Niemand weiß es.«

Alfred Andersch, Wanderungen im Norden, 1970

Norwegische Impressionen aus Tredestrand unten, Oslo rechts und Bergen Mitte und rechts unten versetzen den Betrachter in eine mediterran anmutende Umgebung.

Ein endloser Sandstrand (Sjøsanden) bei Mandal. oben Am Ende der Welt. Mitte Låtefoss bei Odda. Mitte unten Dieser Altar gehört zu den Prunkstücken der Stabkirche von Heddal. unten

Einsamkeit pur: Haus am See, Berge und unendliche Stille. oben
Anziehungspunkt im südwestlichen Norwegen ist der 597 Meter hohe Prekestolen, hier der Blick über den Lysefjord. Wer dem Predigtstuhl einen Besuch abstattet, sollte unbedingt schwindelfrei sein. rechts
Das Denkmal von Harald Schönhaar. unten

die gegenüberliegenden Bergrücken; übermächtig spürt man, wie winzig man ist, wie verloren in dieser grandiosen Natur ...

Denkmalschutz und Postmoderne. *Stavanger* holt den Reisenden zurück. Mit seinen postmodernen Glas- und Betonfassaden zeigt es dem Ankommenden, dass auch Menschen Großes schaffen können. Mit dem Nordseeöl sprudeln die Petrodollars, und die protzigen Verwaltungsgebäude der Ölindustrie sollen Unabhängigkeit symbolisieren, sollen zeigen, dass man auch ohne die Europäische Union und die Behörden in Brüssel gut zurechtkommt. Aber Stavanger hat auch ein anderes Gesicht. In der Altstadt stehen rund 160 Häuser unter Denkmalschutz, und die bedeutendste Sehenswürdigkeit der Stadt, der Dom, lockt die Menschen an. Er wurde bereits im 12. Jahrhundert gebaut, zu einer Zeit, da im restlichen Norwegen noch Stabkirchen »in« waren. Wegen seiner engen Bande zu England erhielt König Sigurd Jorsalfarer Unterstützung bei der Planung einer Kirche im neuen Bistum Stavanger. Bischof Reinald aus England baute eine dreischiffige Pfeilerbasilika im romanischen Stil.

Von Insel zu Insel. Die Fähre von Mekjarvik nördlich von Stavanger landet in *Skudeneshavn*, das mit seinen Häusern im Empirestil architektonisch eines der interessantesten Städtchen des Landes ist. Wenn man in *Haugesund* eine Rast einlegen will, sollte man eines der vielen einladenden Restaurants rund um den quirligen Hafen aussuchen.
Um nach Bergen zu kommen, muss man ein wenig Insel-Hopping betreiben. Drei Eilande behüten wie Schutzschilde den *Hardangerfjord* vor der Unbill der Nordsee: Vom Fährhafen Buavag geht es rüber nach Bømlo, weiter nach Stord und schließlich nach Huftarøy. Das Leben zwischen Meer und Fjord verlangt den Menschen hier einiges ab, die meisten leben vom Fischfang, aber zunehmend auch vom Tourismus. Das manchmal etwas umständliche Inselhüpfen ist der schnellste Weg, um von Süden nach Norden zu gelangen; die Alternative wäre der weite (aber durchaus reizvolle) Umweg um den langen Hardangerfjord.

Blühende Handelsstadt. Dann kommt *Bergen*, lebendiger Beweis dafür, dass florierender Handel noch nie geschadet hat. Heute lebt Bergen vor allem von seiner einzigartigen Lage zwischen sieben Fjellhöhen, von der schmucken Altstadt und den Sehenswürdigkeiten rund um den Hafen, wie zum Beispiel Bergens Bryggen, den hochgiebeligen ehemals deutschen Kaufmannshäusern. Sie stammen aus der blühenden Hansezeit im 15. und 16. Jahrhundert, als deutsche Kaufleute die Wirtschaft Bergens bestimmten und an der »Deutschen Brücke«, der heutigen Brygge, Quartier bezogen hatten.
Wer in die Innenstadt will, muss Wegezoll zahlen und sich dann auf die Suche nach einem der wenigen, teuren Parkplätze machen. Vom Fløien, das per Seilbahn zu erreichen ist, bietet sich ein phantastischer Blick auf Bergen, vorausgesetzt es regnet nicht. Eine solche Gelegenheit ist rar, denn es regnet hier viel und oft: Mit 2000 Millilitern pro Jahr ist Bergen die regenreichste Stadt Europas.

Obstgarten im Regen. »Dieser Regen kommt uns gerade recht«, sagen Bergens Nachbarn am Hardangerfjord, »da kann unser Obst bestens wachsen.« Der Obstanbau, vor allem Äpfel und Kirschen, ist hier mittlerweile ein wichtiger Wirtschaftszweig. 120 Kilometer lang ist der Hardangerfjord vom Ryvarden-Leuchtturm südlich von Bømlo bis hinauf nach Odda im Sør fjord, und er zählt zu den reizvollsten Landschaften Norwegens, nicht zuletzt auch wegen des milden Klimas. Der Golfstrom macht es möglich, dass die Luft im Frühling und Sommer auf märchenhafte Temperaturen hochklettert. Und weil das auch im ausgehenden Mittelalter schon der Fall war, haben Mönche seinerzeit Obst und Beeren hierhergebracht und den Fjord in einen wahren Fruchtgarten verwandelt. Besonders im Frühling bietet sich dem Besucher in *Eidfjord*, von der Nordseite des Hardangerfjords her nur mit einer Fährüberfahrt zu erreichen, ein unglaubliches Bild: Obstbäume blühen in üppigster Pracht.

Fortsetzung Seite 52

Ohne die imposanten Fähren läuft in Norwegen nichts. Sie verbinden die Menschen und Orte zwischen den Fjorden und den Ländern. Denn Norwegen rückt plötzlich in weite Ferne, wenn die großen Fährschiffe von Kiel nach Oslo ausfallen. oben
Das Wahrzeichen Bergens, die Bryggen, stammt noch aus der Hansezeit. Die 16 lang gestreckten, schmalen Höfe dienten deutschen Kaufleuten als Quartier und Lager. unten

Fast senkrecht aufragende Felswände umschließen den Næroyfjord.

Skisaison in Norwegen

Die Holmenkollen-Schanze liegt etwa 11 Kilometer von Oslos Stadtmitte entfernt.

Mitte

Lillehammer ist eines der Wintersportzentren Norwegens. Nicht umsonst ist im Wappen der Stadt ein Skifahrer verewigt.

Stau auf der A8, wie in jedem Jahr. Dann der übliche Andrang vor den Liften, am Jochberg, am Obertauernkar oder an der Kreuzspitz. Winterurlaub in den überfüllten Alpen – da kann man sich in schönster weißer Pracht schon einmal schwarzärgern. Und wer auch noch in der Hochsaison unterwegs ist, der muss in den Loipen mitunter ein Überholmanöver riskieren und auch mit reichlich Gegenverkehr rechnen.

Die Alternative für jede Art von Wintersport liegt daher in Norwegen. Bei den meisten Langläufern steht Europas Norden sowieso an oberster Stelle – egal wo man in der Zeit zwischen November und April hinfährt, die Loipen sind überall sorgfältig gespurt und gepflegt. Richtig spannend wird es für Langläufer querfeldein. Dies sollte aber nie ohne Führung geschehen, denn das Land ist weitläufig, und verirrt hat man sich schnell. Rund um Oslo zum Beispiel sind im Winter bis zu 2000 Kilometer Loipen angelegt, und für Nachtschwärmer strahlt sogar bis Mitternacht auf knapp 100 Kilometern das Flutlicht, denn Energie war in Norwegen noch nie ein Thema. Langlauf ist in diesem Land zum Volkssport geworden, und irgendwo wird daher immer ein Rennen ausgetragen.

Wenn an einem Sonntag im Dezember die Sonne das Land in einen einzigartigen Wintertraum verwandelt, dann sieht man groß und klein, Familien und Freunde miteinander wandern – Skiwandern selbstverständlich.

Ähnliche Völkerwanderungen sind auch zu beobachten, wenn mal wieder die Skispringer am Holmenkollen ihre weiten Flüge wagen. Dabei schauen die meisten Ankömmlinge lieber zu, als sich selbst in die Tiefe zu stürzen. Das Skispringen hat eine lange Tradition in Norwegen, und jede Stadt, die auch nur ein klein wenig auf sich hält, nennt mindestens eine Ski-Sprungschanze ihr eigen – allein in Oslo findet man acht. Ein weit verbreiteter Einwand gegen den alpinen Schneespaß auf den Fjells hoch über den Fjorden hierzulande ist, dass es in Norwegen keine richtigen Berge gebe und es im Winter zu lange dunkel sei.

Dazu sollte man grundsätzlich einmal davon ausgehen, dass durch die nördliche Lage Skandinaviens im Vergleich zu den Alpen 1000 Meter an Höhe dazugerech-

net werden müssen. So ist der beliebte Berg Totten im bekannten Top-Skigebiet Hemsedal, das nur drei Autostunden nordwestlich von Oslo gelegen ist, zwar nur 1500 Meter hoch, es herrschen aber dennoch die gleichen guten alpinen Bedingungen wie in den Alpen auf immerhin 2500 Metern.
Geilo, Trysill (an der schwedischen Grenze) und eben Hemsedal – das sind die drei alpinen Aha-Erlebnisse des Nordens, die mit reichlich sportlichem Reiz und genügend Sonnen- oder Flutlicht bis weit in die Nacht hinein die Vorurteile gründlich ins Wanken bringen. Genüsslich blau und deshalb bequem geht es hier genauso runter wie auf schwierigen schwarzen Pisten, die den Könner herausfordern. Wer mal kräftig und ausdauernd auf einer einzigen Abfahrt ins Tal wedeln will, der kommt in Hemsedal atemlos erst nach 6 Kilometern oder im Snowboard-Funpark nach 600 Metern zum Stehen. Das grässliche Wort »Liftschlange« gibt es glücklicherweise in Skandinaviens Wortschatz nicht, dafür reichlich Schneesicherheit und sehr viele gemütliche Hütten für den Freund der weißen Pracht. »Die Schneeverhältnisse sind gut und stabil von November bis Mai«, sagt kein Geringerer als Kjetil Andre Aamodt, der in Hemsedal das Skilaufen lernte und über lange Jahre Norwegens »Aushängeschild« im internationalen Weltcup-Zirkus war.

Telemark – ein Evergreen

»Telemark ist ein Bremsschwung beim Skilauf.« Sagt der Duden. Und Toria sagt, dieser Bremsschwung sei ganz schön schwierig. Toria weiß, wovon er spricht, denn er ist Telemark-Skilehrer in Geilo, einem feinen Wintersportort nur gut eine Autostunde vom Hardangerfjord entfernt. Beim Telemark-Stil ist alles anders als bei der alpinen Technik: lose Bindung, Talski vor den Bergski, nix mit Parallelschwung.
Sandre Nurheim aus der Region Telemark war Mitte des vergangenen Jahrhunderts der erste, der per Bremsschwung und mit Knicksen einen Berg runterkam.
Heute erlebt der Telemark-Stil eine Renaissance: Könner brettern in fast anachronistischer Abfahrtshaltung nach unten. Besonders stilecht sieht es allerdings in Knickerbockern und mit Schirmmütze aus.
Es ist allseits bekannt, dass Norweger das Skilaufen erfunden haben: Im Holmenkollen-Museum zeigt eine Höhlenmalerei, gefunden auf einem norwegischen Fjell, den vermutlich ersten menschlichen Skifahrer. Ihr Alter: 5000 Jahre.

Anfänge des Skilaufs. oben
Kvitfjell bei Ringebu gehört zu den schwierigsten Abfahrtspisten der Welt. 1994 fand hier der alpine Abfahrtslauf der Männer während der Olympischen Winterspiele statt. unten
Nordische Kombination der Frauen auf viermal 5 Kilometern bei der WM 1991. links

Es lohnt sich, während einer Fährüberfahrt Augen und Ohren offen zu halten: Man sieht das Land aus einer anderen Perspektive und erfährt Insidertipps von Einheimischen. oben
Im Sommer drängen sich Ausflugsschiffe in dem romantischen Meeresarm. unten
Selten erlebt man den Geirangerfjord so still. rechts

Ein Naturereignis ganz anderer Art befindet sich nur wenige Kilometer von Eidfjord entfernt, der *Vøringfoss*. 183 Meter stürzt das Wasser durch eine enge Schlucht in die Tiefe, und am eindrucksvollsten präsentiert sich der Wasserfall, wenn man die einstündige Wanderung in Kauf nimmt, um vom Fosslihotel zum Fuß des Wasserfalls zu gelangen. Der Vøringfoss ist Teil der grandiosen *Hardangervidda*, mit mehr als 8000 Quadratkilometern und einer Höhe zwischen 1200 und 1600 Metern die größte Hochebene in Skandinavien. Knapp die Hälfte davon wurde zum Nationalpark erklärt, und jeder Norweger muss wenigstens einmal im Leben auf der Hardangervidda gewandert sein. Oberhalb der Baumgrenze bei etwa 900 Metern ist die Vegetation zwar öde und trist, aber die vielen einsamen Seen, die Stille und endlose Weite machen die Hardangervidda zu einem unvergesslichen Erlebnis; hier wäre es ganz und gar kein Zufall, auf eine Rentierherde zu stoßen.

Im ewigen Eis. Über das Vikafjell geht es weiter nach *Vik*, wo zwei völlig unterschiedliche, aber unbedingt sehenswerte Kirchen, beide aus dem 12. Jahrhundert, ganz nah beieinander liegen: die Hopperstad Stabkirche und die romanische Steinkirche von Hove. Doch was vermag Menschenhand im Vergleich zur meisterlichen Schöpfung der Natur? Wild, erhaben, unbändig – das sind nur einige Adjektive, mit denen sich der *Sognefjord*, 180 Kilometer lang, bis zu 5 Kilometer breit und an manchen Stellen 1200 Meter tief, beschreiben lässt. Hinter Balestrand windet sich die Straße am 2038 Meter hohen Jostedalgletscher vorbei. Wer noch nie das ewige Eis aus der Nähe gesehen hat, sollte in Olden nach Briksdal fahren. Hier starten Gletscherwanderungen auf den *Briksdalsbreen*, eine Gletscherzunge des gewaltigen Jostedalsbreen. Und Zahlen sprechen für sich: Mit mehr als 100 Kilometern Länge, mit einer Gesamtfläche von 1000 Quadratkilometern (Berlin: 883 qkm) und mit einer Eisdicke von über 500 Metern ist er der größte Festlandgletscher in Europa. Und während man den Sommer in eiskalter Umgebung so richtig genießt, sollte man sich den Spaß gönnen und hinter Hjelle (kleiner Ort mit hübschem Hotel) statt der Straße 15 den »Gamle Strynefjellvei«, die alte serpentinenreiche Bergstraße, nach Grotli nehmen. Die Belohnung ist ein traumhafter Ausblick auf den 1848 Meter hohen Skala. Eine rasante Skiabfahrt im Sommerzentrum *Stryn* muss man erleben. Die Ausrüstung kann man leihen. *Grotli*, am Ende der Passstraße, besteht eigentlich nur aus dem vornehmen »Grotli-Hotel«, wo deutsche Ski-Profis im Sommer ihr Quartier aufschlagen, um in Stryn zu trainieren. Grotli ist beliebter Ausgangspunkt für die vielen Naturschauspiele ringsum, zum Beispiel den Geirangerfjord.

Norwegen von oben. Es ist das Postkartenmotiv schlechthin: schneebedeckte Gipfel, weite grüne Berghänge, mächtige schroffe Felsen und unten auf dem Wasser der Luxusdampfer – der *Geirangerfjord*. Bevor man das vielleicht meistbesuchte Dorf

Meist verkehren die Fähren tagsüber im ständigen Pendelverkehr, wie hier auf dem Geirangerfjord, sodass man auf die Überfahrt nie sehr lange warten muss. oben

Bevor die Straße 60 in einen Tunnel verschwindet, eröffnet sich noch diese prachtvolle Aussicht auf den Sunnylvsfjord. unten

Taut der Schnee auf den Bergen, brodeln im ganzen Land die Wasserfälle, wie der Stigfoss. links

Ålesund: Der Blick vom Stadtberg Aksla auf die Jugendstilstadt ist unverwechselbar. oben
Das Westportal der Stabkirche von Borgund ist mit prachtvollen Schnitzereien verziert. unten
Die Stabkirche von Urnes Mitte steht auf der Unesco-Liste geschützter Kulturgüter.

Norwegens, Geiranger, am östlichen Ende des Fjords ansteuert, lohnt ein Blick auf die Landschaft aus der Vogelperspektive, am besten vom Gipfel des *Dalsnibba*, der nur über eine Straße mit 12,5-prozentiger Steigung zu erreichen ist. Aber die Mühe lohnt sich, denn dann liegt einem dieses Norwegen aus dem Bilderbuch zu Füßen. Von allen Seiten stürzen Wasserfälle in den Fjord, die man im Sommer von einem Motorboot aus bewundern kann. Man kommt schwerlich wieder heraus aus dem Zustand ständiger Bewunderung für diesen Landstrich, und nach der Überfahrt über den *Storfjord* ruft der *Trollstigen*. Immerhin zwanzig Jahre wurde an den elf atemberaubenden Serpentinen gebaut, die von 850 bis auf 36 Meter Höhe hinabführen; die Aussicht in das breite Istertal ist wahrhaft überwältigend. So kommt der spätere Aufenthalt in *Ålesund* gerade recht, um diese Eindrücke bei einer Tasse Kaffee im netten Ambiente der Innenstadt zu verarbeiten. 1904 brannte die Stadt mit dem größten Fischereihafen Norwegens fast völlig nieder, und es war Kaiser Wilhelm II., der mit privaten Geldspenden den Norwegern unter die Arme griff. Etwas Neues sollte her, und so erstrahlen heute weite Teile der »Stadt auf den drei Inseln« im Jugendstil.

Reitausflug mit Fjordpferden

Marvin ist wie immer gut drauf. Gestriegelt und gesattelt. Marvin, kräftig gebaut, kaum größer als ein Pony, ist ein echtes nordisches Fjordpferd. »Das sind die besten für Ausritte über Stock und Stein. Unglaublich trittsicher«, sagt Unni, die ihren Gästen ihre Heimat rund um Nordfjordeid vom Sattel der Pferde aus zeigen will. Wir haben am Morgen den Hof verlassen, traben gemächlich ins Eidfjell. Marvin macht es Spaß, unser heimliches Arrangement steht: Er darf unterwegs so viel Grünzeug fressen, wie er will, und macht im fairen Gegenzug mit seinen langen Beinen keinen Blödsinn. Es klappt, Marvin ist ein wahrer Meister im Unterholz. Wo andere Pferde auf glitschigen Felsen leicht ins Trudeln geraten, tastet sich Marvin mit tierischem Geschick vor. Wahrhafte Cowboyromantik. Gesunde Wälder, satte Farben und weit unten im Tal liegt romantisch das Städtchen am Ende des Nordfjords. »Manche haben bis jetzt noch nie auf einem Pferd gesessen«, erklärt Unni, »und danach wollen sie nicht mehr runter.« Das kann ich gut verstehen.

Städte mit Geschichte. Die letzte Etappe führt wieder über kleinere Eilande an Fjorden und am Meer entlang. Einen interessanten städtebaulichen Gegensatz kann man in *Kristiansund* erleben. Die Stadt erlitt im Zweiten Weltkrieg schwere Zerstörungen und wurde danach im modernen Stil wieder aufgebaut.
Aber eigentlich könnte man auch gleich auf der E 39 bleiben, um in die Stadt zu gelangen, die unbestritten das schönste Bauwerk Skandinaviens zu bieten hat: *Trondheim*. Norwegens Heiligtum, der Nidarosdom, wurde zwischen 1130 und 1300 gebaut und vereinigt somit gotische und romanische Baukunst. Ausgehend vom Dom lässt sich der Stadtkern Trondheims rund um die Munkegate mit ihren weißen Holzhäusern bestens erkunden. Und das beschauliche Trondheim ist ein guter Ort, um Revue passieren zu lassen, um sich an Landschaften und Bilder zu erinnern – um es in aller Ruhe und Gelassenheit ausklingen zu lassen, dieses Fest für alle Sinne.

Der Trollstigen: Auf einer Länge von 18 Kilometern überwinden elf Serpentinen eine Steigung bis zu 12 Prozent. Von oben geht der Blick in das Istertal, wo die Straße nach Valldal führt. links oben und links unten
Vorsicht vor Verkehrshindernissen ohne Warnschilder! Besonders auf den Fjells müssen Autofahrer immer mit plötzlich auftretenden vierbeinigen Verkehrsteilnehmern, vor allem Schafen, rechnen. oben und unten

Planen und erleben …

Die Bryggen in Bergen sind UNESCO-Kulturdenkmal. oben
Rein ins Boot und auf zu neuen Ufern, nicht nur am Geirangerfjord. Mitte
Auch international hat Oslos Universität einen guten Ruf. unten

DIE HIGHLIGHTS

Sørland

»Sonnenküste« und »sonnigster Platz Norwegens«, so wirbt die südlichste Region des Landes. Schon Edvard Munch, berühmtester Maler und Grafiker Norwegens, verbrachte viele Sommermonate in Kragero, das mit Arendal, Risør, Grimstad und Mandal zu den beliebtesten Ferienzielen gehört. Am südlichsten Punkt des Festlandes beim Leuchtturm von Lindesnes leitete 1655 das erste Leuchtfeuer den Weg. Die größte Stabkirche Norwegens kann man in Heddal besichtigen. Landschaftliches Highlight ist das romantische Setesdal, das von der Küste bis zur Hardangervidda führt.

Prekestolen

Viele Plateaus in Norwegen heißen Prekestolen, Bergrücken, die an Kanzeln erinnern. Aber nur einer besitzt diese magische Anziehungskraft: der fast 600 Meter hohe Felsen bei Stavanger. Noch vor kurzem sind Waghalsige mit dem Fallschirm über die Bergkante gesprungen; inzwischen ist dies verboten.

Hardangervidda

Diese Berglandschaft zwischen 1200 und 1600 Metern Höhe ist eine typische Fjellregion. Man unterscheidet zwischen dem »allgemeinen Fjell« bis 800 Meter, dem »Plateaufjell« über 1000 Meter und dem Hochgebirge, dem »alpinen Fjell«, ab etwa 1300 Metern Höhe. In gewissen Abständen finden Wanderer Hütten, von denen die meisten jedoch unbewirtschaftet sind. Wer zu einer mehrtägigen Wandertour aufbrechen möchte, sollte sich über die Wettersituation informieren, gutes Kartenmaterial besorgen und beim norwegischen Wanderverein eine Erlaubnis für Übernachtungen in den Hütten einholen.

Bergen

Für die Bergenser schlägt der Puls Norwegens in ihrer Stadt. Es wird den Einwohnern leicht gemacht, stolz auf ihre Stadt zu sein: die Wirtschaft (Hafen und Tourismus) floriert, es gibt kaum Arbeitslose, und in den Sommermonaten gelingt es kaum, durch die Stadt zu flanieren, ohne einem Touristen vor die Kamera zu laufen. Auch das Nachtleben passt sich hier wie in Stavanger im Gegensatz zum übrigen puritanischen Norwegen mehr und mehr dem Lebensstil der mitteleuropäischen Großstädte an und hat fast mediterrane Züge. Schließlich wollen die Besucher etwas erleben.

Hardanger- und Sognefjord

An den Fjorden führt im wahrsten Sinn des Wortes kein Weg vorbei. Man sollte unbedingt irgendwo am Wasser innehalten – und genießen. Das geht auf Wanderungen oder per Boot vom Wasser aus. Ruder- oder kleinere Motorboote können überall ausgeliehen werden. Freilich ist das Angeln nicht jedermanns Sache. Für Norweger hingegen ist es fast selbstverständlich. In den Fjorden braucht man weder Angelschein noch Erlaubnis, nur viel Geduld, um Lachs oder Dorsch, Makrele oder Knurrhahn an den Haken zu kriegen. Aber auch wenn die Reuse leer bleibt, sorgen die Landschaft

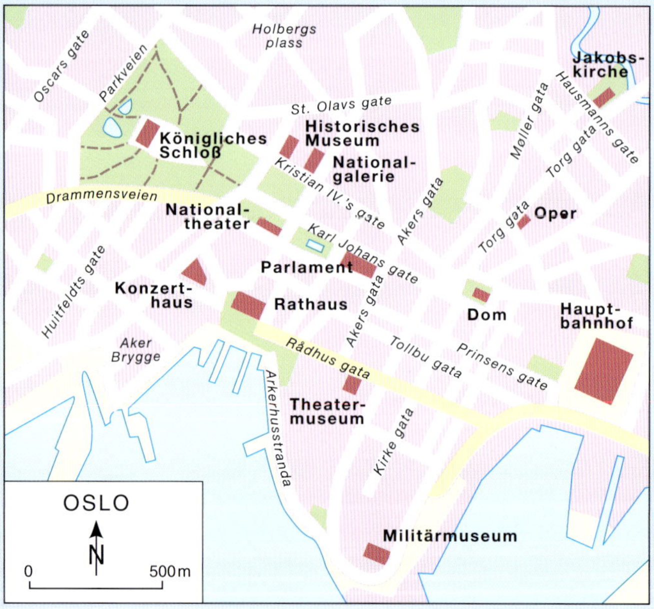

Hüttenübernachtungen

Hytter – das ist in Norwegen ein fast magisches Wort. Familien treffen sich, Freunde machen Ausflüge, Firmen laden ein – das Hüttenleben hat in Norwegen einen besonderen Stellenwert, und jeder, der etwas auf sich hält, nennt eine kleine oder größere Hütte irgendwo am Meer, an einem kleinen verträumten See oder am Fjord sein eigen. Man schätzt, dass in ganz Norwegen mehr als 400 000 dieser Holzhäuser stehen, von denen die romantischsten mit Gras und Stroh gedeckt sind. Ihr Innenleben bietet alles, von einfach bis komfortabel, und viele davon werden zur Ferienzeit vermietet, müssen aber rechtzeitig gebucht werden. Angelfreunde sollten darauf achten, dass zur Hütte ein Boot gehört – möglichst eines mit Motor, denn Rudern kann bei Gegenwind zu einer schweißtreibenden Angelegenheit werden. Der Fang, in Fjorden garantiert reichlich, wird in der Tiefkühltruhe eingefroren und dann in Styropor und Zeitungen verpakkt mit nach Hause genommen. Hytter, das bedeutet aber auch die Hütte auf den Campingplätzen. Sie bieten meist wenig Komfort und sind eher als Zeltersatz für Durchreisende gedacht.

und die Ruhe auf dem Fjord für ein einmaliges Erlebnis.

Måløy

Måløy, eine kleine Insel vor dem Nordfjord und eines von unzähligen Eilanden an der Westküste, ist zu einem Geheimtipp für Taucher geworden, denn rund um die Insel liegen unzählige Schiffe und Flugzeuge auf dem Meeresboden. Tauchausrüstung und Führer kann man mieten, vorausgesetzt man besitzt einen Tauchschein. Wer länger auf Måløy bleiben möchte, sollte nach Krakenes an der Nordspitze fahren. Dort haben Deutsche aus einem alten Leuchtturm eine urige Herberge gemacht.

Møre-Romsdal

Wasser, Berge und wilde Natur bietet diese Provinz zwischen dem Nordfjord im Süden und der Provinz Sør-Trondelag im Norden. Dreißig Fjorde oder Fjordarme haben sich weit in die Fjellregionen im Landesinneren gefressen, und nirgendwo sonst in Norwegen sind die Menschen mehr auf Fähren angewiesen als in dieser Provinz. Zwei landschaftliche Höhepunkte des westlichen Norwegens liegen zwischen Langevatnet und Åndalsnes an der Straße 63: der Geiranger Fjord und die Passstraße Trollstigen.

Trondheim

Die drittgrößte Stadt Norwegens erstreckt sich an einer südlichen Bucht des Trondheimfjordes. Der Torget, der Marktplatz, bildet den Mittelpunkt der Stadt. Neben dem Dom und der Festung Kristiansten sind die Hafenanlagen mit den Pfahlbauten, die einst als Lagerhäuser dienten, unbedingt sehenswert.

TIPPS FÜR UNTERWEGS

Wer gern Auto fährt, kommt auf den kurvenreichen Passstraßen Norwegens voll auf seine Kosten. Für die Benutzung verschiedener Tunnel, Brücken oder Pässe wird Wegezoll von zehn bis siebzig Kronen erhoben. Motorräder fahren meist kostenlos. Die meisten Hochgebirgsstraßen sind schon ab Anfang November bis in den Mai gesperrt – auf Hinweisschilder achten! Zu schnelles Fahren ist sehr teuer: Geschwindigkeitsüberschreitungen in Ortschaften von nur einem Stundenkilometer werden mit 25 Euro bestraft. Auch die berühmten Warnschilder vor Rentieren gibt es nicht zum Spaß; eine Kollision mit diesen mächtigen Tieren hat oft böse Folgen.
Übrigens haben die norwegischen Behörden nach Jahren schlechter Erfahrungen mit diebischen Touristen reagiert: Da die Rentierschilder ein begehrtes Mitbringsel sind, wurden sie nun absolut klausicher festmontiert …

Entfernungen

km	Oslo	1724
	144 km	
144	**Sandefjord**	1580
	215 km	
359	**Kristiansand**	1365
	168 km	
527	**Egersund**	1197
	92 km	
619	**Stavanger**	1105
	48 km	
667	**Haugesund**	1057
	110 km	
777	**Bergen**	947
	233 km	
1010	**Dragsvik**	714
	287 km	
1297	**Ålesund**	427
	124 km	
1421	**Åndalsnes**	303
	303 km	
1724	**Trondheim**	km

Freiheit, wie man sie sich wünscht: Camping direkt am Eidfjord. oben
Fähre auf dem Nærøyfjord. links oben
Oslo: Wachposten vor dem Königsschloss. links unten

Route **3**

Von Trondheim zum Nordkap

Nordkap und Polarkreis, Lappland und Lofoten, Mitternachtssonne und Nordlicht – wer diese Tour zwischen Trondheim und dem nördlichsten Ende Europas unternimmt, geht auf Entdeckungsreise.

Ein Campmobil eignet sich am besten für die Fahrt zum Nordkap, hier auf dem Kvænangsfjell.

In das Reich der Mitternachtssonne

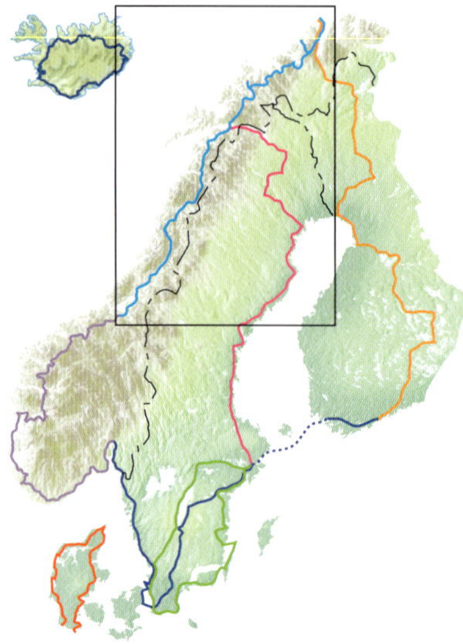

Der Norden Norwegens ist wie eine andere Welt, die in Trondheim beginnt. Endlos scheinen die weiten Hochebenen, die Fjells, im Landesinnern, wildromantisch ist die Insel-Tour entlang der Helgeland-Schärenküste, unwirklich ragen die Lofoten-Felsen aus dem Meer. Und dann das Nordkap. Das Ende Norwegens, Europas – ein wenig auch das Ende der Welt.

Im Viking Museet kann man altes Handwerk sehen, wie hier das Weben von Wikingerstoffen.

Was Katmandu im fernen Nepal, das ist *Trondheim* im mittleren Norwegen: dort Gipfelstürmer, die das Dach der Welt erklimmen, hier Durchreisende auf dem Weg zum Ende der Welt. Meist legten sie die 500 Kilometer von Oslo auf direktem Weg zurück, um nun mit der Nordlandtour den Urlaubstörn ihres Lebens anzutreten. Früher kamen die Auto-Abenteurer in ausgetretenen Sandalen und Jeans, mit umgebauten VW-Bussen oder Ford-Transits; heute stehen hier komfortable Wohnwagen oder neue Camping-Car-Modelle, viele auf Jungfernfahrt. Das Nordkap ist dafür gerade recht.

Nahe dem Polarkreis. In Trondheim kaufen manche noch einmal Proviant ein, als gäbe es bald nichts mehr. Andere genießen einfach nur die Stadt, haben den Nidarosdom ausführlich bewundert und sind mit dem Motorboot zur Festung Munkholmen getuckert. Schon im Mittelalter war die Insel ein wichtiger strategischer Ort, die gut erhaltene Festungsmauer und die Wälle stammen aber aus dem 17. Jahrhundert. Die E 6 ist die einzige Straße Richtung Norden und führt am inneren Trondheimsfjord entlang nach *Hell.* Nur 200 Meter von der Straße entfernt locken die sehr gut erhaltenen Felszeichnungen, Sonnen- und Fruchtbarkeitsmotive, aus der älteren Steinzeit um 3000 bis 4000 Jahre v. Chr. Schon damals wussten die Menschen offensichtlich den Landstrich Innherad landwirtschaftlich zu nutzen, weil er nämlich im Schatten der Berge und Hochebenen der Fosna-Halbinsel liegt, die Wind und Wetter abhält und dafür ihrerseits eine der wildesten und rauesten Küsten Norwegens aufweist. Bei *Steinkjer* mündet der *Snåsavatnet* in den Trondheimsfjord. Der 50 Kilometer lange See und der angrenzende Gresåmoen Nationalpark gelten als Angler-Mekka. »Wer bei uns eine Angel ins Wasser hält«, sagen die Leute hier, »fängt garantiert einen Fisch.« Und das Besondere sei, dass dies auch ohne Köder gehe – sagen die Leute. In den rund 2000 Seen und Bächen tummeln sich Lachs, Saibling und Aal. Hinter Snåsa am oberen Ende des Snåsavatnet, einem guten Ausgangspunkt für Angeltouren, muss man sich bei Grong entscheiden: Entweder auf der E 6 bleiben und den direkten Weg über Mo i Rana bis Fauske wählen oder auf einer der verrücktesten Routen dieser Welt hinein in eine der schönsten und wildesten Landschaften Norwegens. Aber das ist leichter gesagt als getan, denn für die Küstenstraße mit ihren mehr als 10 000 Inseln und Schären zwischen Brønnøysund und Fauske braucht man sehr viel Zeit.

Der Saltstraumen ist ein nur zweieinhalb Kilometer kurzer Sund östlich von Bodø, aber der stärkste Gezeitenstrom der Welt.

Gemütlich kommt man auch ans Ziel ... oben Kanutour auf dem Balsfjord. Mitte Der Nidarosdom in Trondheim mit seiner reichverzierten Fassade gehört zu den schönsten und größten Kirchen Skandinaviens. unten Die Innenstadt von Trondheim, hier die älteste Brücke der Stadt, erkundet man am besten zu Fuß. rechts

Der »Berg mit dem Loch«. Die Strecke zwischen Skogmo und Holm bietet einen ersten Eindruck von dem, was in den nächsten Tagen bevorsteht. Es könnte länger dauern, denn so manches Mal wird man sich beim Warten auf eine der vielen Fähren in Geduld üben müssen. Vermutlich nicht in Holm, wo die erste Fähre (20 Minuten) über den Bindalsfjord nach Vennesund übersetzt, dafür aber bereits südlich von Brønnøysund, am *Torghatten*. Heute liegt der 260 Meter hohe Berg im Trockenen, aber früher stand ihm das Wasser sozusagen bis zum Hals, besser: bis zu seinem Loch. Denn er ist bekannt als der »Berg mit dem Loch«, einer 160 Meter langen und 35 Meter hohen Öffnung quer durch den Fels, entstanden durch Frost und Brandung. Wer gut zu Fuß ist, hat nach knapp zwanzig Minuten den Durchblick. Apropos Wandern: *Vega*, eine der größeren Inseln, bietet auf einem Abstecher per pedes Flora und Fauna einer wildromantischen Insel. Ein kleines Heimatmuseum könnte den Kurzbesuch abrunden. Von Horn geht es mit der Fähre nach Anndalsvågen, dann weiter auf der Straße 17 über Forvik und mit einer einstündigen Schiffstour nach *Tjøtta* zum größten Schafzuchtbetrieb in Norwegen. Ein Kulturpfad erläutert die Geschichte des Ortes, und etwas außerhalb sollte man sich unbedingt die Grabhügel und sternenförmigen Hofanlagen aus der Wikingerzeit anschauen.

»Höher und höher stieg das Nordlicht ... einen Augenblick zeigte sich eine prachtvolle Corona, und dann wurde es ... ein Wirbelsturm von rotem, gelbem und grünem Feuer.«

Fridtjof Nansen, Spitzbergen, 1921

Spuren der Gletscher. Manche behaupten, dass diese »Seereise mit dem Auto« noch schöner sei als mit dem Schiff, nämlich auf der Hurtigrute (siehe Seite 70 f.) zu fahren. Das Meer zur Linken, den Fjord mit steilen Bergen zur Rechten, Inselchen, die wie dunkle Zuckerhüte aus den Wellen ragen, und auf der anderen Seite der weißglänzende Svartisen-Gletscher. Eine andere Welt eben, so ganz und gar fremd für Mitteleuropäer und doch unglaublich faszinierend. Wie die »Sieben Schwestern«, von denen die höchste 1066 Meter misst, zwischen Alstahaug und *Sandnessjøen*. Gletscher formten die Bergkuppen, als das Wasser abfloss und dabei gewaltige Mulden zwischen den Bergen hinterließ. Hinter Sandnessjøen führt die 1100 Meter lange Brücke Helgelandsbrøn über den Leirfjord und etwas ins Landesinnere, bevor es bei Levang wieder auf eine Fähre

Appetit holt man sich auf Trondheims Fischmarkt. oben
Scheue Tiere, die in freier Natur selten zu sehen sind: Luchse. Mitte
Lachsbeobachtung am Wasserfall Tømmerråsfossen. unten

Die Fjorde Norwegens entstanden nach der letzten Eiszeit. Hier der Sørfjord. oben Zauberhafte Lichteffekte bei Trondheim Mitte. Wasserfälle erhöhen den Sauerstoffgehalt des Wassers. Das mögen Fische – und Angler. unten

geht, um über Ranafjord nach Nesna zu kommen (25 Minuten). Norweger, die oft kalte Füße bekommen, kennen den 950-Seelen-Ort wegen seiner Nesnalobben, der warmen Filzpantoffeln. Mit frischen Lobben im Gepäck geht es also weiter, rauf zum Sjonfjell, 350 Meter über dem Meer. Der Blick geht hinunter auf den Sjonafjord und hinaus auf das Meer, zu den 450 Inseln von Træna. Die täglich verkehrende Schnellfähre von Stokkvågen nach Træna passiert das Vogelparadies der Lovunden, wo in den Felsen mehr als 250 000 Papageientaucher leben. Auf Træna sind nur sehr wenige Inseln besiedelt, Husøy und Sanna gehören dazu. Der 331 Meter hohe Trænstaven, der das Wahrzeichen der Inselgruppe ist, ragt fast senkrecht in den Himmel.

Über die Gezeitenströme. Das Überqueren des Polarkreises geschieht ganz unspektakulär auf der Fähre im *Melfjord* zwischen Kilbog und Jektvik (1 Stunde). Blokkind heißt der Bergkoloss zwischen Wasser und Festland, und es dauert nicht lange bis zur nächsten Fährüberfahrt von Ågskaret nach Forøy (10 Minuten), dem Tor zum Svartisen-Gletscher. Wer allerdings eine geführte Tour auf die Engabreen-Gletscherzunge erleben möchte, muss zuerst wieder über das Wasser, denn zwischen Absicht und Tat hat der liebe Gott den Holandsfjord gelegt. Wer weiterfährt, den umgibt plötzlich tiefe Nacht, da zwischen Kilvik und Glomfjord der Gletscher auf der stattlichen Länge von 9,5 Kilometern untertunnelt ist. An manchen Stellen schießt das Schmelzwasser ins Tal und schließlich in den Glomfjord.

Vor dem gleichnamigen Ort zweigt eine Straße zum See *Fykanvatnet* ab. Hier gibt es Zeugnisse unserer Vorfahren: 23 Figuren, alle 4000 bis 5000 Jahre alt, zeigen in Felsen geritzte Elche und Wale. Wieder zurück auf der Hauptstraße, führt der Weg nun direkt in die faszinierende Welt der Gezeitenströme, wie den Kjellingstraumen und den noch schöneren *Saltstraumen*. Er ist 3 Kilometer lang, 31 Meter tief, aber nur

150 breit – durch ihn muss das Wasser, wenn es, von den Gezeiten getrieben, vom Saltfjord in den Skjerstadfjord und wieder zurückfließt. Die normale Geschwindigkeit beträgt 13 Stundenkilometer, bei Neu- oder Vollmond aber fließt das Wasser mit bis zu 30 Stundenkilometern durch den Sund. Der Saltstraumen wird von einer 700 Meter langen Brücke überquert, die nach *Bodø* führt. Obwohl sie nicht direkt auf der Route nach Fauske liegt, sollte man der Stadt dennoch einen kurzen Besuch abstatten und das unglaubliche Panorama vom nur 115 Meter hohen Berg Rønvikfjell aus genießen. Ein letzter Blick hinüber über den Vestfjord auf die Lofoten, ins Landesinnere zum Svartisen-Gletscher, in die nahe Inselwelt der Helligvær – und die »schönste Seereise der Welt« im Auto neigt sich dem Ende.

Ein kleiner Ausflug lohnt sich noch, und eine Fähre (wen wundert's?) ist auch dabei. *Kjerringøy* liegt etwa 40 Kilometer nördlich von Bodø und war bis Ende des vergangenen Jahrhunderts der wichtigste Handelsplatz im nördlichen Norwegen. Heute sind die 15 noch erhaltenen Handelsgebäude ein Freilichtmuseum, das eindrucksvoll den florierenden Handel aus längst vergangenen Tagen dokumentiert. Um nach Fauske zu kommen, dem Etappenziel, muss man wieder zurück, denn ein paar Kilometer hinter Kjerringøy, in Tårnvik, hört die Straße auf. Da gibt's auch keine Fähre mehr ...

Flüsse voller Lachse. Hinter Grong führt die E 6 durch das Namdalen, wo noch erfolgreich Landwirtschaft betrieben wird, am Fluss Namsen und wenig später an der

Gletscher und Licht – Fotografen können ein Lied davon singen ... oben

Auf den Fjells: Wer die kleinen Steinkegel, wie hier am Polarkreis, aufeinander häuft, will sagen: »Ich war hier.« Mitte

Fährhafen von Melbu. unten

Ausläufer des Svartisen-Gletschers, des »Schwarzeis«-Gletschers, sind bis an die Fjorde vorgedrungen. links

Die Wikinger waren perfekte Schiffbauer. Warum soll man tausend Jahre später nicht solch ein Boot nutzen? Mitte
Wer sich an der einsamen Natur satt gesehen hat, kann in Bodø in die Luft gehen: Im Luftfahrtzentrum sind interessante Flugzeuge ausgestellt, und es gibt die Möglichkeit, einmal in einem Flugsimulator mitzufliegen. unten

Vefsna entlang. Beide sind sehr reich mit Lachsen gesegnet. Bei den Namen *Fiskemfossen* und *Laksfoss* bekommen Angler feuchte Augen, und man muss der norwegischen Sprache nicht mächtig sein, um zu erkennen, dass die beiden Wasserfälle kein Anglerlatein bedeuten: Normale Lachse bringen knapp 5 Kilogramm auf die Waage, aber an guten Tagen beißen auch Prachtexemplare mit bis zu 25 Kilogramm. Nicht-Angler werden ihre Freude an den rauschenden Wassermassen haben, und im Lachsaquarium am Fiskemfossen kann man die Tiere dabei beobachten, wie sie Lachstreppen benutzen, um den Wasserfall zu überwinden – immerhin 270 Meter misst die Ende des vergangenen Jahrhunderts gebaute Lachstreppe am Laksfoss.

In unterirdischen Gewölben. Später wird das Land einsamer. Die Straße führt durch dichte Wälder. Im Osten erheben sich die bis zu 1700 Meter hohen, massigen Bergrücken des *Børgefjell Nationalparks*. Ab 600 Metern Meereshöhe wird die Vegetation öde und trist. Dies ist die Heimat der Rentiere und der Samen, die über Jahrhunderte in dieser Gegend Rentiere züchteten; heute leben nur wenige Familien davon. Die Landschaft wird hinter Mosjøen wieder spannender, denn von der Passhöhe des 550 Meter hohen *Vesterfjell* öffnet sich der Blick auf drei Gletscher, den Okstindan im Osten, den Lukttindan im Südwesten und den Svartisen im Norden, der auch später, wenn sich die Straße am Ranafjord entlangschlängelt, ständiger Begleiter bleibt; ein herrliches Revier für Bergwanderungen. Ausgangspunkt könnte das Städtchen *Mo i Rana* sein, das sich vom Handelstreffpunkt im vorigen Jahrhundert zum Industriestandort entwickelt hat. Die meisten der rund 7000 Einwohner arbeiten im Stahlwerk Fundia, wo jährlich Stahl aus 600 000 Tonnen Schrott geschmolzen wird. Ranas Reiz liegt aber unter der Erde, denn hier befinden sich die schönsten Höhlen und Grotten Norwegens: die Grønligrotte zum Beispiel, eine 1500 Meter lange Kalksteinhöhle mit Wasserfall, Säulen und kirchenähnlichen Gewölben. Die

Gänge unter der Erde stammen von der letzten Eiszeit vor rund 9000 Jahren. Die Höhlen dürfen nur mit Führer betreten werden, und etwas herauszunehmen ist strengstens verboten, denn sie sind Teil des *Nationalparks Saltfjell-Svartisen*, der über die gesamte Breite des Landes zwischen den Fjorden im Westen bis zur schwedischen Grenze im Osten reicht. Dieses ideale Wandergebiet ist einsam und verlassen, nur die Straße E 6 durchschneidet den Park – und der Polarkreis. Im Polarkreis-Center ist das Polarkreis-Monument ein beliebtes Fotomotiv, und eine Videovorführung gibt dem Besucher umfassenden Einblick in Kultur und Wirtschaftsleben des nördlichen Norwegens. Während einer ausgedehnten Wanderung ins *Junkerdalen* erlebt man eine faszinierende Landschaft.

Unberührte Wildnis. *Fauske* ist ein Verkehrsknotenpunkt, denn es führt nur eine Straße nach Norden, und Bahnreisende müssen in Busse umsteigen. Für alle, die auf der E 6 Fauske erreicht haben, beginnt nun der landschaftlich schönste Teil der Tour zum Nordkap. Jene, die die Küstenstraße 17 gewählt haben, könnten ein wenig enttäuscht sein. Zwar sind die anstehenden 230 Kilometer bis nach Narvik ebenfalls voll landschaftlicher Schönheit, aber sie können mit den Erinnerungen an die Seereise der vergangenen Tage nur schwerlich konkurrieren. Deshalb: für zwei Tage raus aus dem Auto und auf Schusters Rappen rein in die Natur, in den *Rago Nationalpark*. Ausgangspunkt für Trekking-Touren in einer vollkommen unberührten Natur ist Lakshola, ein paar Häuser, die über einen Feldweg gut Fortsetzung Seite 72

Auf den Lofoten spielt von jeher der Fischfang eine elementare Rolle. links Mitte

Zeitreise zu den Wikingern – im Viking Museet, Oslo. links unten

Seit vielen Jahrhunderten wird der gesäuberte Dorsch auf giebelartigen Gestellen zum Stockfisch getrock-net. oben

Eine Delikatesse ist frischer, mehrere Stunden kalt geräucherter Lachs. Mitte und unten

Eingerahmt von Felswänden und stillen Meeresarmen ist die Fischersiedlung Reine, der Hauptort der Insel Moskenesøy auf den Lofoten.

Hurtigruten – Reisen auf norwegisch

Die Überquerung des Polarkreises ist Anlass zum Feiern, nicht nur an Bord der Luxusliner. oben

Zipfelmütze nicht vergessen! Je weiter man mit der Hurtigrute in den Norden vordringt, desto kühler wird's. Mitte

Richard With aus Tromsø hätte anno 1893 keinen besseren Namen für seine Idee finden können: Hurtig – was im Norwegischen dieselbe Bedeutung hat wie im Deutschen – sollten seine Schiffe unterwegs sein, auf dem schnellstmöglichen Weg den dicht besiedelten Süden des Landes mit dem menschenarmen Norden verbinden. Aus Withs Vision wurde bald eine nationale Institution: die Hurtigrute, die mehr ist als nur eine ganz normale Fährlinie.

Die »Reichsstraße Nr. 1« ist fraglos eine der schönsten Reisen zur See, aber auch schwimmender Postbote, Lieferstrecke für Lebensmittel, Zustellservice für Fahrräder und Fernseher. Für die Eisenbahn ist in Fauske Endstation, und alles, was die Nordprovinzen wie Tromsø und Finnmark über Jahrzehnte am Leben hielt, war in den Bäuchen der Hurtigrute-Dampfer verstaut. An jedem Tag im Jahr fährt eines der elf Schiffe auf der 2300 Kilometer langen Seestrecke zwischen Bergen im Südwesten des Landes und Kirkenes an der russischen Grenze.

Und wer im Sommer Sightseeing von der See aus betreiben will, der muss rechtzeitig buchen, um eine der begehrten Außenkabinen zu bekommen (möglichst Backbord, da gibt's mehr Mitternachtssonne). Sechs Tage dauert die Fahrt in eine Richtung, 34 Häfen werden angelaufen, die Landgänge sind also meist kurz und intensiv. Nicht wenige nehmen deshalb ihr Auto mit an Bord, schippern nach Norden und fahren über Land zurück. Und merken dabei, dass die Schiffe der Hurtigrute ihrem Namen alle Ehre machen, denn die Fahrt mit dem Auto zurück von Kirkenes nach Bergen ist so hurtig nicht zu schaffen.

Es sind schon ganz eigene und bleibende Eindrücke: Ålesund, Trondheim und

Tromsø zeigen sich von See her von ihrer schönsten Seite, und an Helgeland mit seinen »Sieben Schwestern« vorbeizufahren, in den Vestfjord einzulaufen und die Lofotwand zu grüßen und dann schließlich den Nordkap-Felsen zu umrunden, das sind Momente seefahrerischer Glückseligkeit. Und wenn es schon nicht als Seefahrer-Tourist zur Äquatortaufe gereicht hat, beweist ein Zertifikat, dass man die Überquerung des Polarkreises auf 66,5° nördlicher Breite routiniert bewältigt hat. Eine kleine Feier gibt's obendrein, die in den neuen Schiffen etwas mondäner, in den alten eher gesittet abläuft.

Während nämlich auf den alten Modellen eher nüchterne Postboot- und Versorgungsschiff-Atmosphäre herrscht, haben

Steif wie ein Stockfisch

Zuweilen erlauben wir uns dieses recht negative Urteil über einen Mitmenschen.
Doch die Lofoten-Fischer sind alles andere als stocksteif. Aber steifen Stockfisch, der im Frühjahr zum Himmel stinkt, haben sie mehr als genug. Die giebelartigen Trockengerüste, von denen der Fisch auch seinen Namen hat, hängen voll von geköpften, paarweise zusammengebundenen und ausgenommenen Fischen, vornehmlich Dorsch und Köhler. Von Wind und Wetter wird der Fisch so lange malträtiert, bis er rund 70 Prozent Wasser verloren hat. Dann ist er steif wie ein Brett und für die Ewigkeit konserviert. So wurde er früher in alle Welt verschifft, als die Schiffe noch monatelang unterwegs waren.
Heute freilich wird frischer Fisch tiefgekühlt in die Welt geschickt. Trotzdem blieb der Stockfisch wichtigste Einnahmequelle der Lofoten-Fischer, unter anderem als »Bacalao« in Portugal und als »Stoccafisso« in Italien.

sich die neuen Dampfer der Hurtigrute dem Luxus verschrieben. Kreuzfahrtstimmung statt Alltagsroutine. Diese modernen Luxusliner sollen die Institution Hurtigrute endlich in ruhiges Fahrwasser fahren, denn finanziell ist die Schiffsverbindung seit je ein Zuschussgeschäft. Die Idee ist schlüssig, da im Sommer diese Schiffe mit den Touristen die Kronen einfahren sollen, die im Winter benötigt werden, um die Hurtigrute auch als zuverlässige Versorgungslinie aufrechterhalten zu können.
Dabei gibt es bei den wahren Kennern unter den Hurtigrute-Reisenden einen Streit darüber, wann die Fahrt denn nun am schönsten sei: im Sommer, wenn die Mitternachtssonne alle Sinne erfreut und man im Liegestuhl auf Deck liegen kann, oder im Winter, wenn die Nordlichter die Gefühle zum Glühen bringen, aber auch heftige Stürme toben. Vor- und Nachteile. Am besten ist auch in dieser Frage noch immer der Selbstversuch – sommers ebenso wie winters.

Auf Fahrt mit der »Harald Jarl«. Zum Mittagsbüfett (Mitte) werden warme Fisch- und Fleischspeisen serviert.

Vom Kvænangsfjell hat man eine herrliche Aussicht über das Fjordland. oben
Während anderswo auf der Welt das Brautpaar in der Kutsche vorfährt, kommen echte Norweger, hier in Ålesund, lieber mit dem Boot. unten
Da schmeckt der Kaffee gleich doppelt so gut. Der Blick über Hammerfest ist gratis. rechts

zu erreichen sind. Wandern in norwegischen Nationalparks oder auf Fjells ist kein Spaziergang, deshalb sollte man sich nur mit guter Kondition, neuesten Karten und bester Ausrüstung auf den Weg machen. Denn die Pfade können steinig und steil sein und führen nicht selten auf eine Meereshöhe von über 1000 Metern, man befindet sich im norwegischen Hochgebirge, das Wetter kann also plötzlich wechseln. Aber herrliche Ausblicke über das Storskog-Tal mit dem Trolldalsfluss, der am Væringfossen über 200 Meter in die Tiefe stürzt, sind die Mühe wert.

Uralte Felszeichnungen. Entlang am Sørfoldafjord geht die Fahrt auf der E 6 hinauf zum Kråkmofjell, der mit 390 Metern der höchste Punkt auf der Strecke zwischen Fauske und Narvik ist. Das *Sagvassdal* ist ein beliebtes Angelrevier, Saiblinge und Forellen tummeln sich in den sieben Seen des Tales, von denen nur die ersten drei einen Namen haben, die anderen sind Nummernseen. Zahlen spielen auch in *Tømmerneset* eine wichtige Rolle. Sind die Felszeichnungen, die nach einem kurzen Fußweg zum Fluss Sagelva zu bewundern sind, nun 5000 oder gar 8000 Jahre alt? Die Forscher streiten, wie die beiden Rentiere an einer so steilen Wand so perfekt in den Fels geritzt werden konnten, und zwischen ihren Analysen bleiben etwa 3000 Jahre auf der Strecke. Künstlerisch gehören die beiden Figuren zu den schönsten Arbeiten unserer ganz frühen Vorfahren, die in dieser Gegend offensichtlich sehr aktiv waren, wie die *Leiknesfelder* eindrucksvoll beweisen. Sie liegen gar nicht weit von den Sagelva-Rentieren entfernt, zwischen Ulvsvåg und Bognes. Mehr als fünfzig Figuren, hauptsächlich Tiere wie Elche, Bären, aber auch ein Wal, sind hier sehr naturgetreu dargestellt. Sie entstanden etwa 2000 v. Chr. und sind damit etwas jünger als die Sagelva-Rentiere.
Trotz all der archäologischen Aha-Erlebnisse in diesem Teil des Nordlandes sollte man die landschaftlichen Reize nicht verpassen: zunächst die Abfahrt auf die Straße 81 bei Ulvsvåg und dann, als Folge davon, die wunderschöne Natur auf der Halbinsel Hamarøy. Der Abstecher lohnt sich allein schon wegen des 613 Meter hohen Berges Hamarøyskaftet, aber auch die anderen Berge und Felsen, wie das 691 Meter hohe Tilthorn, sind aufgrund ihrer außergewöhnlichen Formen einzigartig. Ob *Oppeid* nun wirklich das schönste Dorf von Nordland ist, sollte jeder selbst erkunden, auf jeden Fall bietet sich ein schönes Panorama auf die umliegenden Berge bis hinüber zu den Lofoten.

»Der schöne Obelisk«. Nach der einzigen Fährüberfahrt auf der E 6 zwischen Trondheim und Narvik geht es durch Tunnel und über Brücken am Ofotfjord entlang nach Narvik. Ein Blick zurück lohnt sich, denn was den Schweizern ihr Matterhorn, das ist den Nordländern der *Stetind*. 1381 Meter ragen seine schroffen und teils senkrechten Felswände in den Himmel, und erst 1985 wurde die Nordwand des »schönen Obelisken«, wie ihn die Nordländer auch liebevoll nennen, von Bergsteigern bezwungen. *Narvik* ist die Erzhauptstadt der Welt, und die riesigen »Pötte« transportieren jährlich bis zu dreißig Millionen Tonnen Eisenerz in alle Welt. Dem Hafen sollte man genauso einen Besuch abstatten wie mit dem Sessellift zum Fagernesfjell hinauffahren, wo man von Ende Mai bis Mitte Juli die Mitternachtssonne erleben kann.

Berge und Fjorde. 1400 Kilometer liegen zwischen Oslo und Narvik, und das Nordkap ist immer noch gut 700 Kilometer entfernt, wenn man auf der E 6 bleibt und sich nicht zu kleineren Abstechern auf Nebenstraßen verleiten lässt. Denn obwohl die Landschaft eher karg, wild und dünn besiedelt ist, ist die Provinz verkehrstechnisch gut erschlossen. In höheren Regionen gehen die Wälder schnell in Tundra-Gebiete über, und die wenigen landwirtschaftlichen Betriebe findet man in Fjord-Nähe, wo immer noch der warme Golfstrom im Sommer für angenehme Temperaturen sorgt. Bei *Setermoen* im Bardutal kann mit dem Eggenhof eine der

Man muss nicht lange suchen, um in Norwegen einen Ort der Stille und Muße zu finden. Unberührte Landschaften gibt es reichlich, wie hier am Balsfjord. oben
Hammerfest ist die nördlichste Stadt der Welt. Mitte
Touristischer Anziehungspunkt in Tromsø ist die Eismeerkathedrale mit einem 140 Quadratmeter großen Glasgemälde. unten

Man trifft sich am Nordkap: entweder als verschworene Campergemeinschaft, um die Erlebnisse während der Fahrt auszutauschen (oben), oder im Nordkapzentrum, um sich bei der Multivisionsshow über den nördlichsten Punkt Europas zu informieren (Mitte) oder an Bord, um die Mitternachtssonne zu bewundern (unten).

ersten Hütten besichtigt werden, die von Einwanderern um das Jahr 1800 gebaut wurden. Man versuchte sich zwar in der Landwirtschaft, aber erfolgreicher waren die Menschen als Jäger und Fischer. Bei Elverum lohnt es sich durchaus, die Hauptstraße zu verlassen und auf der Straße 87 zum *Målselvfossen* zu fahren, der zwar nur 15 Meter tief fällt, dafür aber 600 Meter lang ist.
In Heia erreicht man dann wieder die E 6, um kurz danach die Molkerei von *Storsteinnes* zu besuchen: dieser Abstecher ist ein Muss für Liebhaber von Ziegenkäse, gilt sie doch als die größte Ziegenkäse-Fabrik auf dem Globus.

Üppige Vegetation und Gletscher. Biegt man bei Nordkjosbotn links ab, erreicht man auf der E 8 *Tromsø*. Die Vegetation ist üppig, und Sommertemperaturen von 25 Grad und mehr (dank Golfstrom) sind im »Paris des Nordens« keine Seltenheit. Diese wunderbare Stadt – und nicht nur die Eismeerkathedrale – will entdeckt werden, und dazu sollte man sich Zeit lassen. Um auf die E 6 zurückzukommen, bietet sich die Fährüberfahrt über den *Ullsfjord* an. Dann ist man nämlich mittendrin in den von Schnee und Gletschern bedeckten 2000 Meter hohen Lyngsalpen, einem traumhaften Revier für Wanderer und Bergsteiger, und dem Lyngsfjord, der sich tief in das Land eingeschnitten hat. Allein die Überfahrt von Lyngseidet nach Olderdalen ist ein wahrer Augenschmaus. Wer immer noch nicht genügend Panoramen und Landschaften gesehen hat, sollte das Fischerdorf *Skjervøy* besuchen. Der Ort selbst ist unspektakulär, dafür ist das Gebirgsmassiv, das sich dahinter auftürmt, unbeschreiblich. Am Kvænangsfjell vorbei, wo im Sommer Samen mit ihren Zelten campieren, geht es weiter zum Øksfjordjøkulen, Norwegens fünftgrößtem Gletscher und dem einzigen, der direkt ins Meer kalbt. Hier endet die Provinz Troms, die Finnmark ist erreicht.

Am Ende Europas. Die 10 000-Einwohner-Stadt *Alta* ist der letzte Stützpunkt auf dem

Weg zum Nordkap. Hier lebten schon vor 10 000 Jahren Menschen, wie die Felszeichnungen von Hjemmeluft und verschiedene Ausgrabungen beweisen. Öde und trist wirkt die Hochebene Sennalandet, und bei Skaidi muss man sich nun ernsthaft fragen, ob ein Besuch von *Hammerfest*, der nördlichsten Stadt der Welt, lohnt oder nicht.
Jetzt sollte man der Verlockung folgen, nun endlich das Nordkap sehen zu können. Vorbei am einsamen Porsangerfjord geht es rüber nach Honningsvåg, dessen Attraktionen die Hafenanlagen und das Nordkapmuseum sind, auf die Insel Magerøya. Keiner verweilt länger als nötig, denn mit der Fahrt durch die wilde Insel-

Landschaft mit ihren Fjorden und Schluchten, den Canyons und Hochebenen rückt das *Nordkap* (307 Meter über dem Meer) in greifbare Nähe. Und wenn man dann über das unwirtliche Nordmeer die nicht untergehende Sonne erblickt, vergisst man, dass das wirkliche nördliche Ende Europas rund 70 Kilometer weiter östlich auf dem Nordkyn-Gebirge liegt.

Ein Wunder der Natur. Auf der Fahrt zum Nordkap lässt man ein imposantes Highlight links liegen, denn für dieses braucht man mehr Zeit als nur für einen Abstecher: Sachlich formuliert sind die *Lofoten* eine Inselkette vulkanischer Herkunft, die sich bei Narvik knapp 200 Kilometer in südwestlicher Richtung ins Meer erstreckt, vom Festland durch den Vestfjord getrennt. Man könnte es auch so formulieren: Der Lofotenarchipel ist ein Naturereignis, ein schöpferisches Wunder, vielleicht das sensationellste Werk der Erde im landschaftlich reich gesegneten Norwegen. Es sind die kantigen Bergriesen, die sich zwischen dem Raftsund sowie der Südspitze Lofotodden zu einer gewaltigen Felswand verschwören, es sind die malerischen Dörfer an Fjorden und Buchten mit ihren meist sandigen Stränden, es ist die Mitternachtssonne, die sechs wunderbare Wochen im Sommer warm und schmeichelnd scheint, die die Lofoten so einmalig machen.

Impressionen rund um das Nordkap mit seiner fast magischen Anziehungskraft.

Planen und erleben ...

Wasser und Berge, soweit das Auge reicht: In der Nähe von Andselv. oben

Sommertrekking im Fjell gehört zu den Abenteuerurlauben. Mitte

Sieht leichter aus als es ist: Wasserskifahren. unten

Die Hafenstadt Bodø liegt nördlich des Polarkreises am Saltfjord. rechts

DIE HIGHLIGHTS

Saltfjell Nationalpark

Norwegens größter und jüngster Nationalpark (seit 1989) ist ein Paradies für Wanderer. Der 1200 bis 1600 Meter hohe Svartisen-Gletscher im Westen und weite Hochebenen im Osten, viele Grotten und endlose Seen machen den 2250 Quadratkilometer großen Park zu einem abwechslungsreichen Trekking-Revier. Für abgehärtete Wanderer stehen unbewirtschaftete Übernachtungshütten offen, allerdings sollte man sich vorher bei einem Fremdenverkehrsbüro anmelden, und wer eine Gletscherwanderung unternehmen möchte, braucht unbedingt einen Führer, denn im Eis ist stets Bewegung: 3 Meter wandert es im Sommer voran und sorgt so für gefährliche Risse und Spalten.

Küstenstraße 17

Unzählige Sagen und Trollgeschichten ranken sich entlang der Strecke zwischen Brønnøysund und Bodø. Das »Loch« im Berg Torghatten schufen keineswegs das Meer oder der Frost, sondern der Troll Hestmannen. Als dieser seine Geliebte Lekamøya zornig verfolgte, schoss er einen seiner Pfeile mitten durch das Gestein. Die »Sieben Schwestern« bei Sandnessjøen waren der Legende zufolge einmal Trolle, die sich nicht rechtzeitig vor Sonnenaufgang in Sicherheit bringen konnten und deswegen zu versteinerten Riesen wurden.

Rago Nationalpark

Der mit 170 Quadratkilometern eher kleine Nationalpark ist wegen seiner Vielfalt und seiner unberührten Natur einen Besuch wert. Er bietet ideale Voraussetzungen für Wanderer, allerdings sind Übernachtungsmöglichkeiten rar. Besonders sehenswert sind die Wasserfälle und Stromschnellen, wie etwa der Væringvassfoss mit einem freien Fall von 223 Metern.

Tromsø

Wer denkt, Tromsø, 400 Kilometer nördlich des Polarkreises, sei eine nordisch unterkühlte Stadt, irrt gewaltig. Mehr als 25 Grad im Sommer, rund 7000 Studenten und das leckere Bier im nördlichsten Bierkeller der nördlichsten Brauerei der Welt sorgen dafür, dass es einem warm ums Herz wird. Und natürlich die 1965 gebaute Eismeerkathedrale, ein architektonisches Meisterwerk, das die Elemente des Nordens, vom Meer bis zu den Gletschern, in sich vereint. Oder das Nordlichtplanetarium, wo man sich auch im Sommer von den winterlichen Nordlichtern verzaubern lassen kann.

Nordkap

Seine Anziehungskraft ist magisch. Nach einer schier endlosen Autofahrt gelangt man zum Nordkap, obwohl es nicht das nördlichste Ende Europas ist, aber zum nördlichsten Punkt, dem Kinnarodden, führt keine Straße. Der Felsen ist kahl, bietet aber mit der stilisierten Weltkugel ein beliebtes Fotomotiv. Das Nordkapzentrum garantiert durch ein Panoramafenster sturmfreien Ausblick auf das Eismeer, und eine Multivisionsshow erläutert die Geschichte des Nordkaps.

TIPPS FÜR UNTERWEGS

Die E 6 zwischen Trondheim und dem Nordkap ist natürlich gut ausgebaut, nur einige Seitenstraßen in abgelegene Täler oder Orte sind noch Schotterpisten. Tankstellen (Benzin ist trotz Ölreichtum teuer) gibt es zwar in regelmäßigen Abstän-

Walbeobachtung

Andenes auf der Vesteralen-Insel Andøya ist der beste Ausgangspunkt für eine Walsafari. Wale beobachten bedeutet zunächst warten und hoffen, bis irgendwo in der Ferne plötzlich was passiert: Wasserfontänen spritzen, und mitunter hört man die »Gesänge« der Meeressäuger. Fast ausschließlich männliche Pottwale, bis zu 20 Meter lang, ziehen einsam ihre Bahnen. Dann tauchen sie auf mit ihrem bis zu 40 Tonnen schweren Körper, verschwinden, kommen wieder hoch und ziehen sich elegant mit einem sanften Schlag der gewaltigen Rückenflosse in die Tiefe zurück. Die Organisatoren garantieren für den Sightseeing-Erfolg, denn kleinere Zwerg- und Mörderwale und Delphine finden sich immer. Man hat sogar Wale beobachtet, die den Schiffen entgegenschwimmen. Aber vielleicht wollen die auch nur Menschenbeobachtung betreiben ...

Entfernungen

km	**Trondheim**	1705
	200 km	
200	**Grong**	1505
	270 km	
470	**Mo i Rana**	1235
	150 km	
620	**Fauske**	1085
	230 km	
850	**Narvik**	855
	235 km	
1085	**Tromsø**	620
	375 km	
1460	**Alta**	245
	245 km	
1705	**Nordkap**	km

den, dennoch sollte man vor allem weiter im Norden den Tank nicht leer fahren.
Wer die reizvollere Strecke entlang der Helgeland-Küste wählt, muss auch tiefer in die Tasche greifen, denn die Fährüberfahrten sind natürlich nicht gratis (pro Fähre zwischen 50 und 150 Kronen).
Teils führen die Straßen durch menschenleere Gebiete, wie zum Beispiel den Saltfjell Nationalpark oder auch auf der Insel Magerøya am Nordkap: Hier können vor allem in den Morgenstunden unvermittelt Rentiere auftauchen, die schwer zu erkennen sind.

Wer mit dem Zelt unterwegs ist, sollte sich im Jedermannsrecht auskennen: Es besagt, dass man sich überall in der Natur (nur außerhalb der Nationalparks) frei bewegen, Beeren sammeln, schwimmen und auch campieren darf, allerdings nur für maximal zwei Tage an einem Ort. Während man im Meer ohne Lizenz und Erlaubnis fischen darf, ist es mit dem Angeln in Seen und Flüssen nicht ganz so einfach: Man braucht die staatliche Angellizenz (erhältlich in Postämtern) und eine regionale Angelkarte für das jeweilige Gewässer.

Lofoten

Gemessen an den unermesslichen landschaftlichen Reizen und dem Unterhaltungswert sind sie allein einen zweiwöchigen Urlaub wert. Das Wandern in den typischen spitzen, drei Milliarden Jahre alten Lofoten-Bergen gehört mindestens genauso zum Pflichtprogramm wie eine Schiffstour zur Walbeobachtung und ein Ausflug zu den Vogelfelsen von Røst und Værøy.
Und wenn es der Golfstrom richtig gut meint, kann der Nordmeer-Urlaub sogar zu einem richtigen Südsee-Strandleben werden.

Auf manchen Fjorden werden auch Segeltörns angeboten. großes Bild
Eismeerkathedrale in Tromsø. links oben
Wohin soll's denn gehen? links unten
Es ist nicht mehr weit zum Nordkap: Brücke bei Skaidi. unten

Route 4
Von Helsinki zum Nordkap

Wasser und Wald, Wald und Wasser. Finnland ist zu 80 Prozent von Wäldern und Seen bedeckt. 2000 Kilometer liegen zwischen Helsinki und dem Nordkap, zwischen südlicher Ostsee und nördlichem Lappland – ein Reiseerlebnis der besonderen Art.

Typisch finnisches Treibgut: Finnlands Seen werden als Lagerstätten und Verkehrswege für die Holzwirtschaft genutzt.

Unterwegs im Land der tausend Seen

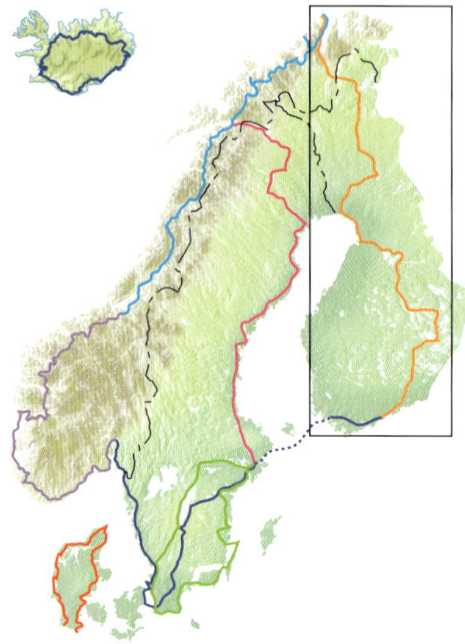

»Land der Tausend Seen« – welch eine Untertreibung! Bezogen auf die Gesamtfläche ist Finnland mit etwa 190 000 Binnengewässern das seenreichste Land der Erde. Wie das (Trink-)Wasser der Seen und Flüsse ist auch die gesamte Natur rein und unverbraucht. Und bei nur etwa 15 Einwohnern pro Quadratkilometer finden Individualisten garantiert ein Fleckchen nur für sich.

Eine echte Samin würde nie ihre Tracht im Laden kaufen. Die schönen Stücke sind selbstgenäht.

Wer an einem Sommerwochenende in *Helsinki*, Finnlands Hauptstadt, ankommt, wird zuerst der reizvollen, modernen Architektur begegnen. Menschen sind selten, denn sie sind in einer Hütte im Grünen, natürlich mit Sauna, irgendwo am See. Und der Montag fällt nach einer solchen Erholung leichter in dieser hellen, leuchtenden Stadt, deren Architektur großzügig ist und die viel Platz zum Atmen lässt. Wer aber eine quirlige Metropole erleben will, sollte Helsinki an einem Wochentag besuchen (siehe Seite 142 ff.).

Wiege der Autonomie. An der Küste entlang Richtung Osten liegt *Porvoo*, eine typisch finnische Stadt mit vielen Holzhäusern, engen Gassen und der mittelalterlichen Kirche. Der Ort markiert einen Meilenstein der finnischen Geschichte: Was ware aus dem russisch besetzten Land Anfang des 19. Jahrhunderts geworden, hätte nicht Zar Alexander I. den Finnen autonomen Status gewährt?

Seen, Seen und unendlicher Wald. Das wahre Finnland beginnt eine Autostunde nördlich, auf der Straße 6, mit diesem endlosen Gewirr an Gewässern, der Finnischen Seenplatte. Rund 1000 Straßenkilometer führen durch Finnlands schönste Natur: Wasser und Wald. In *Elimäki*, dem größten Baumpark des Landes, erhält man einen umfassenden Eindruck vom Artenreichtum der finnischen Wälder. Kleine Städte wie *Kouvola* bieten dazu eine willkommene Abwechslung mit ihrem historischen Viertel oder den schmucken Holzhäuschen. Besuchen sollte man unbedingt das Fabrik- und Holzmuseum Verla, das auf dem weiteren Weg nach Mikkeli in *Jaala* liegt. 1964 wurde die Holzschleiferei stillgelegt und darin ein Museum eingerichtet. Den Industriekomplex aus der Jahrhundertwende erklärte die UNESCO zum Weltkulturerbe. Man erfährt alles über die Holzverarbeitung, über die Problematik der Umweltzerstörung und über die Wiederaufforstung. Die Finnen pflanzen heute mehr Bäume an, als sie abholzen, und viele Landstriche sind unantastbare Naturschutzgebiete. Kleine Nebenstraßen münden kurz hinter Mäntyharju auf eine der Hauptverkehrsadern von Süden nach Norden, die Straße 5.

Felsmalereien und Kreuzfahrten. An einem westlichen Ausläufer des *Saimaa-Sees*, dem »See der tausend Inseln«, liegt *Mikkeli*, die Hauptstadt Ostfinnlands. Ein riesiges Wasserlabyrinth erstreckt sich über 1300 Quadratkilometer. Diese Wasser-Wald-Landschaft ist Europas größtes Seengebiet. Dass hier schon vor 5000 Jahren

Am Finnischen Meerbusen liegt Porvoo, dessen malerische Altstadt einen Besuch lohnt.

Alter Treffpunkt der Samen: Kautokeino im Norden des Landes. oben
Typisch finnisches Motiv: Holzhaus, Birken und See. Mitte
Lahti kommt alljährlich in die Schlagzeilen, wenn die Skispringer hier Station machen. unten
Freizeitkapitäne fahren vor: Helsinkis Sporthafen liegt mitten im Zentrum. rechts

Menschen lebten, beweisen Felsmalereien in *Ristiina*, einem beliebten Ausflugsziel. Hier starten Kreuzfahrten über den See. Reizvoll ist auch ein Besuch in Visulahti, einem kleinen Vergnügungspark mit den schönsten finnischen Bauwerken im Miniformat.

Eine Kirche aus Holz. Wer die größte Holzkirche der Welt sehen möchte, muss die Straße 5 hinter Mikkeli in Richtung Osten verlassen und einen kleinen Umweg über Savonlinna machen, um nach *Kerimäki* zu gelangen. Dreitausend Menschen passen in die Kirche, die neben der mittelalterlichen Burg Olavinlinna zu den touristischen Highlights der Stadt gehört. Die Opernfestspiele im Sommer haben inzwischen internationales Renommee. So kann es in *Savonlinna* im Juli eng werden. Entlang dem Ostufer des Haukivesi-Sees, auf einer der schönsten Straßen der östlichen Seenplatte, gelangt man nach Warkaus und dort wieder auf die Straße 5.

Uralte, üppige Baumbestände. Während einer Rast in *Kuopio*, der mit 80 000 Einwohnern größten Stadt im Saimaa-Seengebiet, hat man vom Wahrzeichen, dem 150 Meter hohen Berg Puijo, einen schönen Blick über das Land. Der markierte Naturlehrpfad steigt auf zu uralten Baumbeständen und durch üppige Laubwälder. In Kuopio legen auch Kreuzfahrtschiffe ab, die bekannt sind wegen ihres »Finnischen Abends«: eine Art Bordparty, die erst beginnt, wenn alle die Rauchsauna besucht haben. Und natürlich wird danach »Fischhahn« serviert: Brot mit eingebackenem Fleisch und Fisch. Wieder an Land, führt der Weg weiter nach Norden an der kleinen Siedlung *Lapinlahti* vorbei. Hier ist im Wohnhaus des in Finnland berühmten Malers Emil Halonen eine interessante Ausstellung mit Gemälden und Skulpturen untergebracht.

»Schwarzes Gold«. Statt den direkten Weg zur Ostsee über Iisalmi zu nehmen, sollte man einen kurzen Umweg über die »Stadt des Schwarzen Goldes« *Kajaani* machen. Die Stadt sah schon bessere Tage, als nämlich ihr Teer in aller Welt begehrt war.

»Fischreiche Wässer! Schönbäumige Wälder! Birken- und Beerenduft! Vieltoniger Wind, durchschaukelnd eine Luft so mild, als stünden jene eisernen Milchbehälter, die dort vom weißen Gute rollen, offen.«

Bertolt Brecht, 1941

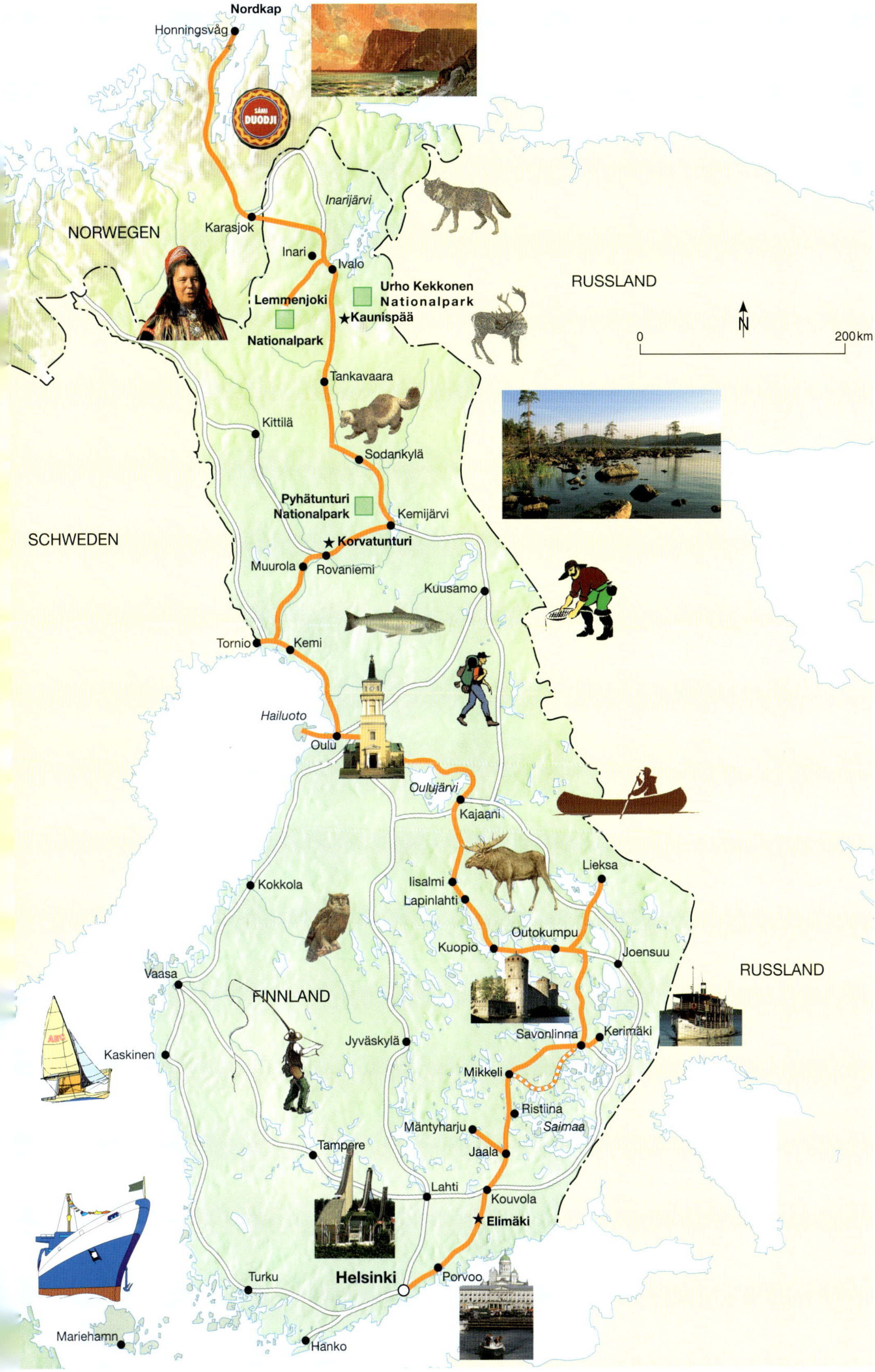

Fast wie ein Gemälde: Winterabend in Lappland. oben
Kanufahren in den Stromschnellen von Ruunaa bei Lieksa. Mitte
Petrijünger brauchen in Finnland nicht lange nach ihrem Glück zu suchen: Der Fischreichtum scheint grenzenlos. unten

Burg Olavinlinna in Savonlinna oben, von der man einen schönen Blick auf das Saimaa-Seengebiet hat. rechts Entspannung pur. Mitte Wasser macht erfinderisch: mobil auf jede Art im Seengebiet. unten

Davon zeugen die Teer-Abteilung im Kajaani-Museum und der Teerkanal, auf der spezielle Schiffe den Teer in Richtung Ostsee verfrachteten.

Vom Teer zur Hochtechnologie. Rund um den malerischen Oulujärvi-See fährt man auf der reizvollen Straße 22 durch die Wildmark, das »grüne Herz Finnlands«. Rund um den See, der auch für kulinarische Genüsse bekannt ist, kann man reiten oder wandern, Kanu fahren oder angeln. Auch die Hafen- und Universitätsstadt *Oulu* am Bottnischen Meerbusen profitierte einst vom Teer Kajaanis, der über die Ostsee verschifft wurde. Die Universität ist heute bedeutendes Zentrum für Forschung und Hochtechnologie. Das Wissenschaftszentrum Tietomaa zeigt das mit einem Observatorium und einer Computershow. Kinder dürfen an über 150 Anlagen unter anderem Wahrnehmung und Wissen testen oder sich in einem Illusionsraum Träumen hingeben.

Eisbrecher im Einsatz. Ein Ausflug auf die Insel Hailuoto ist ein Muss, bevor man auf der E 4 an der See entlang nach Kemi gelangt. »Als Beweis für meinen Glauben«, sagte Pastor Rungius 1629, »soll mein Leichnam erhalten bleiben.« Seine sterblichen Überreste, ohne Balsamierung bestens konserviert, liegen in der Feldsteinkirche ein paar Kilometer nördlich von Kemi. Wer im Winter unterwegs ist, wird sicher auf der »Sampo« anheuern. Der Eisbrecher ist noch im Bottnischen Meerbusen aktiv und nimmt Gäste mit auf »knackige« Fahrt; im Sommer kann das mächtige Schiff besichtigt werden.

Eine Stadt wie ein Rentiergeweih. Auf der E 75 vor Rovaniemi erreicht man *Muurola* mit dem imposanten Wasserkraftwerk und dreißig Gletschermühlen. Reisende sind hier auf dem Weg nach *Rovaniemi*, der Metropole des Nordens, in die Stadt in Form eines Rentiergeweihes, die der Architekt Alvar Aalto aufbaute. Deutsche Truppen brannten 1944 beim Rückzug fast das gesamte Rovaniemi nieder; die neuen Häuser Alvar Aaltos sind aus Stein, nur vereinzelt findet man Holzhäuser aus den Gründertagen. Der Veranstaltungskalender der Stadt ist rund ums Jahr gut gefüllt: Die

Einwohner Rovaniemis sind bekannt für ausgiebiges Feiern, und der Weihnachtsmann im benachbarten Korvatunturi (siehe Seite 92) hat das ganze Jahr über alle Hände voll zu tun ...

Wandern durch tiefe Schluchten. In *Kemijärvi* beginnen Wanderungen in die Natur einer unberührten Berglandschaft, in das südlichste Gebirge des finnischen Lapplands, den *Pyhätunturi Nationalpark*. In den bis zu 200 Meter tiefen Schluchten des Nationalparks kann man sich wunderbar entspannen. »Wenn du richtige Holzfäller sehen willst«, sagen die Leute, »dann musst du zu uns kommen.« Solange man hier zurückdenken kann, lebt Kemijärvi vom Holz, und noch immer werden, wie schon vor dreihundert Jahren, Baumstämme den 500 Kilometer langen Fluss Kemijoki hinabgeflößt. Der Nationalpark ist für Wanderer gut erschlossen, und im Winter finden Skilangläufer und Hundeschlitten hier ein riesiges Terrain; dann ist auch das Wintersportzentrum mit dem Hotel gut besucht.

Sanfte Tundra. Die letzte Etappe geht hinauf zum Nordkap durch Finnisch-Lappland, durch »Lappi«. So heißt diese von Wald bedeckte Region im Finnischen. Sie ist wesentlich sanfter als das schwedische Lappland, der höchste Berg ist der Haltitunturi mit über 1300 Metern, ansonsten ist Lappi reich an Fichten-, Kiefern-, Birkenwäldern und moosbedeckter Tundra.

Goldträume in der Einsamkeit. Wer Sodankylä in Richtung Norden passiert, gleitet in eine andere Welt; nur zwei Menschen leben hier durchschnittlich pro Quadratkilometer. Der Ort ist neben dem Filmfestival, das jeden Juni stattfindet, auch wegen der am besten Fortsetzung Seite 90

Der 7 Kilometer lange Hügelrücken Punkaharju zwischen den Seen Puruvesi und Pihlajavesi ist Naturschutzgebiet. oben
Blickfang in Tornio, der Grenzstadt zu Schweden: die Holzkirche aus dem 17. Jahrhundert. unten
Zentrum von Kuopio ist der Marktplatz mit dem Rathaus, das Ende des 19. Jahrhunderts gebaut wurde. Mitte

Die finnische Badestube

Platz ist in der kleinsten Hütte: Nichts ist schöner, als sich bei Schnee und Eis in einer Schwitzstube aufzuwärmen. Echtes Saunavergnügen, das sind Holzbänke, heiße Steine und die Abkühlung draußen.

Das Thermometer zeigt 122 Grad. Am Einlass zur Holzhütte wird ein ärztliches Attest über ausreichende Fitness empfohlen. Dann geht's rein in die »Finnische Sauna« – und gleich wieder raus. Dieses vermeintliche Vergnügen hat mit finnischem Badespaß so wenig zu tun wie Weißwurst mit Spanien: Das abartige Schwitzbad ist eine typisch deutsche Erfindung in einer typisch modernen Erlebnis-Badewelt. Sauna ad absurdum. Zwar heißt Sauna so viel wie »Schwitzstube«. Aber so gemütlich wie dieses Wort klingt, so behaglich meinen es die Finnen auch. Saunabaden ist hier eine gesellige Angelegenheit, zweitausend Jahre alt, kein Sport und keine körperliche Herausforderung. Dabei wird nur allzu gern auf wissenschaftliche Studien verwiesen, die dem Saunabaden zweifelsfrei gesundheitsfördernde Eigenschaften zusprechen. Herz und Blutkreislauf werden animiert, müde Muskeln werden wieder munter. Aufgrund der äußeren Säuberung fühlt man sich – im Idealfall – auch innerlich so gereinigt, dass Stress und Hektik keine Chance haben, sie lösen sich sozusagen in Wohlgefallen auf. Schlanker macht die Sauna dagegen nicht, denn der Gewichtsverlust ist reiner Flüssigkeitsverlust und muss durch anschließendes Trinken wieder kompensiert werden. Ein Bier danach ist auch erlaubt, und natürlich ein Essen, eine kräftige Suppe oder ein eingelegter salziger Fisch, um den Salzverlust wieder wettzumachen. Das blieb jenem Jockey jedoch versagt, der, um sich auf das für ein Pferderennen notwendige Idealgewicht herunterzuschwitzen, mehrere Stunden in der Sauna blieb. Sein Vorhaben endete tragisch: Er starb an Herzschlag. Die typisch finnische Sauna steht in einem Blockhaus an einem See, mit einem Steg für den Sprung ins kalte Wasser. Keiner weiß so ganz genau, wie viele Schwitzstuben es im Land gibt, aber ihre Zahl geht sicher in die Millionen. Ab November, wenn das Wasser zugefroren ist, müssen die Saunagäste zunächst einmal das Eis gemeinsam brechen – aber auch das schafft ja bekanntlich Freunde. Um Herz und Kreislauf so richtig in Schwung zu bringen, sind 80 bis 100 Grad ideal. Und wenn man auf die Haut pustet, ohne dass es brennt, ist auch die Luftfeuchtigkeit ideal. Dann kommt der kunstvoll geflochtene Quast aus Birkenzweigen zum Ein-

satz, der sanft den Rücken streichelt, um die Poren vollends zu öffnen. Die echten finnischen Sauna-Fans schwören auf Wärmespeicher- oder Rauchöfen. Diese feuern sie am besten mit trockenem Holz, und über ein recht kompliziertes Abluftsystem gelangen Rauch und vor allem Wärme in die Sauna. Elektrische Öfen, sagen sie, gehören ins Haus, aber nicht in die Sauna. Das sehen die Vereinsmitglieder der 1937 gegründeten finnischen »Sauna-Gesellschaft« etwas lockerer. Sie setzten sich zum Ziel, das wohltuende Saunabaden auch außerhalb Finnlands populär zu machen, was ihnen angesichts der überall in der Welt anzutreffenden Schwitzbäder wohl auch gelungen ist.

Vom Geist in der Sauna

Für viele Finnen ist Saunen wie das tägliche Brot. Es gibt Finnen, die täglich bei wenigstens zwei Saunagängen den Stress herausschwitzen. Genauso beginnen manche finnischen Feste im Familien- und Freundeskreis mit der Reinigung von Körper und Seele.

Von Unternehmern wird berichtet, dass sie große Verträge lieber mit Schweiß statt mit Unterschriften besiegeln.

Bei der richtigen finnischen Sauna wird darauf verzichtet, dem »löyly«, dem Aufguss, irgendeine Essenz zuzufügen, denn allein der heiße Dampf steigert das Wohlbefinden. Dieser Aufguss wurde früher als eine Opferhandlung verstanden, denn »löyly« bedeutet ursprünglich »Geist«.

So erklärt sich das finnische Verständnis vom Saunen, das mit Ruhe und Anstand über die Bühne gehen muss und trotz Nacktheit mit Erotik nichts zu tun hat.

Ein finnisches Sprichwort drückt aus, welchen Stellenwert die körperliche und geistige Reinigung in der Sauna schon bei den Vorfahren hatte: »Wenn Branntwein, Teer und die Sauna nicht helfen, führt die Krankheit zum Tode.«

Erst der Aufguss ohne Aromen, dann die Gymnastik: Leichte Schläge mit einem Bündel biegsamer Birkenzweige öffnen die Poren, damit man noch mehr schwitzt. Und dann die Krönung: das Bad im eiskalten Wasser.

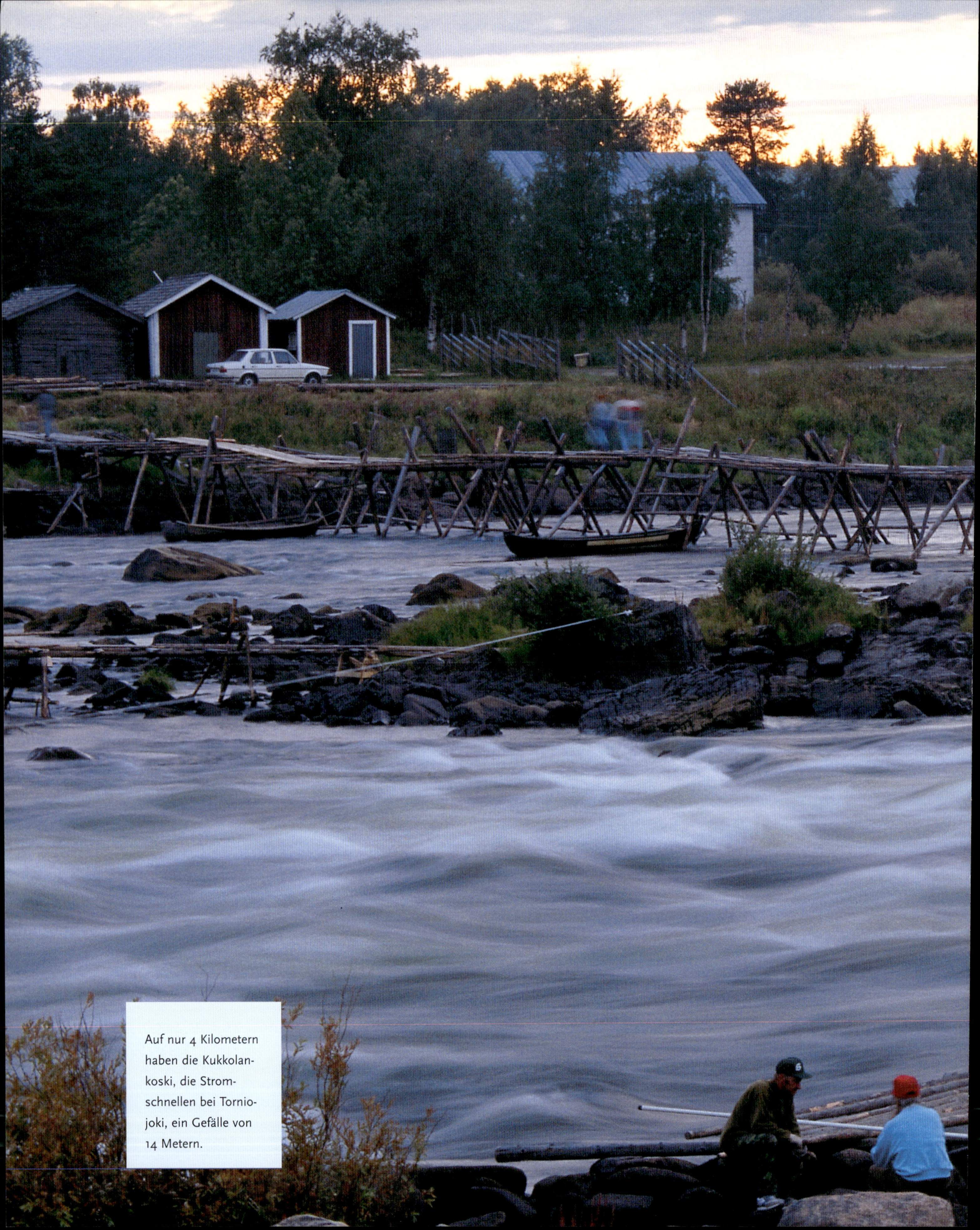

Auf nur 4 Kilometern haben die Kukkolankoski, die Stromschnellen bei Tornio-joki, ein Gefälle von 14 Metern.

Seen finden sich Tausende in Finnland, nicht nur hier bei Rovaniemi. oben Vierzig Quadratkilometer unberührte Natur bietet der Nationalpark Pyhätunturi. Mitte Eine Garantie gibt keiner, aber die Chance, Elche zu sehen, ist groß. unten

erhaltenen Holzkirche des Landes aus dem 17. Jahrhundert bekannt. Viele Urlauber kommen hierher, weil sie vom großen Glück träumen – Gold. In *Tankavaara*, an der E 75 auf dem Weg nach Norden, kann man sich als Goldwäscher ausrüsten und sein Glück versuchen. Reich wird davon heute aber keiner mehr. Das Goldmuseum erzählt eindringlich von tragischen Schicksalen früherer Tage.

Löcher im Juni-Eis. Der *Urho Kekkonen Nationalpark* erstreckt sich über 2500 Quadratkilometer bis zur russischen Grenze: Wildnis des totalen nördlichen Urwaldes. Der Ausblick vom 438 Meter hohen Berg Kaunispää ist besonders zur Zeit der Mitternachtssonne ein unvergessliches Erlebnis. Bei Ivalo beginnt das Labyrinth des *Inari-Sees* mit seinen 3000 Inseln. Bis in den Juni müssen die Fischer Löcher in sein Eis schlagen, um an Wasser und Fische zu kommen, denn bis hierher reicht der warme Golfstrom nicht. Im Sommer gehört eine Bootsfahrt auf dem See mindestens genauso dazu wie ein Besuch im Saamelaismuseo, dem Freilichtmuseum in Inari, das eine eindrucksvolle und umfassende Ausstellung zur Samen-Kultur zeigt.

Gold auf dem Weg in den Norden. Von Inari aus starten Führungen auf dem Gold-Wanderweg in den *Lemmenjoki Nationalpark*. Das größte Naturereignis des Lemmenjoki, mit fast 3000 Quadratkilometern der größte Nationalpark Europas, ist das mächtige Tal des Lemmenjoki-Flusses, wo die Felsen bis zu 600 Meter ansteigen. Aber auch die echten Goldwäscher haben reichlich Zulauf. Die Straße führt nun durch endlose Tundra-Ebenen bis zur Grenze nach Norwegen. In *Karasjok*, der ersten Siedlung auf norwegischem Boden, leben nur rund 1400 Menschen, aber mindestens doppelt so viele Rentiere. Karasjok ist die Hauptstadt der Samen mit dem Sameting, dem Parlament. Zum Nordkap sind es immer noch fast 100 Kilometer bis zum Porsangerfjord und fast 300 Kilometer bis zur nördlichsten Spitze Europas (siehe Seite 74 f.).

Ein fantastisches Schauspiel: Sonnenuntergang am Nordkap. oben
Wer so weit gekommen ist, könnte auch weiter zu den russischen Nachbarn fahren. Mitte
Hier endet Europa: am Nordkap. unten
Der Winter hat Finnland fest im Griff: Länger als ein halbes Jahr herrscht strenger Frost. links oben und unten

Planen und erleben …

Im Saimaa-Seengebiet werden auch mehrtägige Bootstouren organisiert. oben
Die Finnen mögen es verträumt und verschwiegen. Mitte
Auch ein Rentier braucht Pause. unten

DIE HIGHLIGHTS

Saimaa-Seengebiet

Hier gibt es mehr Inseln, als man je anschauen kann. Für Wassersportler, Angler und Wanderer der Garten Eden – Lakeland Saimaa. Siebentausend Quadratkilometer umfasst die gesamte Seenplatte mit zahllosen Inseln und Buchten. Östlich der Stadt Lieksa am Fluss Liesanjoki zum Beispiel liegt Ruunaa, das vielleicht reizvollste Terrain für Wanderer und Wassersportler. Sechs tosende Stromschnellen bilden für Kanuten eine echte Herausforderung und für Landratten Fotomotive und Picknick-Möglichkeiten. Eine geführte Tour von Lieksa aus, dem Bärenpfad, dauert eine Woche und führt an der russischen Grenze entlang durch typisch nordkarelische Wasser- und Moorlandschaft.

Hailuoto

27 Kilometer von Oulu entfernt liegt die größte Insel im Bottnischen Meerbusen, Hailuoto. Im Sommer bringt die Fähre die Urlauber auf das junge Eiland, das erst im Mittelalter infolge der Landhebung entstanden ist. Bohlenwege führen zu den schönen Sanddünen und den ausgedehnten Stränden. Romantische Fischerdörfer, reetgedeckte Häuser und Windmühlen machen das Bild einer Urlaubsinsel perfekt. Hobby-Vogelkundler wie professionelle Ornithologen studieren auf der Insel das Leben der vielen Vogelarten, die hier brüten und leben.

Rovaniemi

Die Stadt ist bekannt für ihren vollen Veranstaltungskalender, wie im Januar: Fjäll-Rallye; Februar: der Rentierlauf »Goldglockenrennen«; März: Polarkreis-Skilauf; Mai: Lappischer Zehnkilometerlauf; Juni: Kökkäjäiset zu Mittsommer; Juli: Root'n'River Blues Festival, Angelwettkampf »Goldene Forelle«; August: Moltebeerenmarkt; Oktober: Motorschlitenausstellung; November und Dezember: Feste zur finnischen Weihnacht.

Korvatunturi

Einer hat hier oben am Berg Korvatunturi das ganze Jahr Saison. Ein paar Kilometer hinter Rovaniemi ist er zu Hause, direkt am Polarkreis, 2450 Kilometer vom Nordpol entfernt: Das Weihnachtsdorf Korvatunturi ist die Heimat des Weihnachtsmanns. Werkstätten, eine ganze Menge Rentiere und die offizielle Anschrift im Hauptpostamt lassen keinen Zweifel aufkommen, dass dies für Kinder der Himmel auf Erden ist. Mehr als 700 000 Briefe kommen jährlich an und wollen natürlich beantwortet werden.
Aber auch Erwachsene werden ihren Spaß haben, vor allem im Santapark, wo alles angeboten wird, was irgendwie an Weihnachten erinnert – und das nicht nur am 24. Dezember, sondern das ganze Jahr über.

Samenschmaus
Natürlich sollte man gebratenes oder geräuchertes Rentierfleisch probieren. Aber die lappländische Küche bietet wesentlich mehr und genießt in Finnland einen guten Ruf. »Natur« heißt das Zauberwort: Fisch, Rentier und Wild, Gemüse, Milchprodukte und Beeren sind die Zutaten, die den reinen, frischen Geschmack auszeichnen. Typisch sind zum Beispiel Lachssuppe, zubereitet mit Zwiebeln, Dill, Lorbeerblättern und Kartoffeln. Oder im Ofen gegarte Schneehuhnbrust, mit sahniger Moosbeeren-Schneehuhnknochenmark-Soße abgeschmeckt. Oder das berühmte Rentiergeschnetzelte, traditionell mit Kartoffelbrei und Preiselbeermus serviert. Natürlich gibt es auch im hohen Norden das Smoergåsbord, das in Finnland Voileipäpöytä heißt, ein kaltes Büfett. Und den schnellen Hunger stillt das Kalakukko, der »Fischhahn«, ein mit Schweinefleisch und Fisch gefülltes kräftiges Roggenbrot.

Pyhätunturi
Der Nationalpark ist beliebtes Trekking-Revier, und im Sommer können hier auch Anfänger wandern. Die beliebteste Route beginnt in Torvinen, rund 100 Kilometer nördlich von Rovaniemi, und führt in einer Länge von 55 Kilometern an vielen Hütten vorbei direkt über den Pyhätunturi, einen etwa 8 Kilometer langen Bergrücken, der im Süden steil ansteigt und von dort fast unzugänglich ist.
Immer wieder kommt man an Plätzen vorbei, wie dem Heiligen Berg Pyhätunturi, die den Samen heute noch viel bedeuten, an denen ihre Vorfahren Götter verehrten und an denen später erste Bekehrungen zum Christentum erfolgt sein sollen. Davon zeugen auch Stellen mit so zungenbrecherischen aber vielsagenden Namen wie Pyhäkasteenputous: »Wasserfall der Heiligen Taufe«.

TIPPS FÜR UNTERWEGS

Elche und Rentiere
Vor allem bei Dunkelheit kommen die Tiere aus den dichten Wäldern und tauchen urplötzlich vor der Windschutzscheibe auf. Man sollte deshalb unbedingt auf die Warnschilder an den Straßenrändern achten. Nach einem Wildunfall ist unbedingt die Notrufnummer 112 zu benachrichtigen. Darunter kann auch Polizei, Krankenwagen und Feuerwehr angefordert werden.
Bei einem Wildunfall ist der Fahrer übrigens nicht schadenersatzpflichtig.

Stechmücken
In einem Land, in dem es so viel Wasser gibt, darf es niemanden wundern, dass Stechmücken zur veritablen Plage werden können.
Vor allem im süd- und mittelfinnischen Hochsommer muss man sich in feuchten Gebieten gegen diese Quälgeister schützen, im Norden des Landes dauert die »Mückensaison« länger. Nirgendwo sonst gibt es so viele erprobte Mittel, zum Teil auf pflanzlicher Basis, wie in Finnland. Im Freien helfen auch die Räucherspiralen, aber der beste Schutz ist angemessene und dichtgewebte Kleidung.

Souvenirs
Bei einem Rentiergeweih könnte es Platzprobleme geben – obwohl auch schon Finnland-Reisende gesichtet wurden, die das Geweih auf der Kühlerhaube montierten –, aber vielleicht reicht ja auch ein Rentierschinken oder Rentierfell. Etwas exklusivere Mitbringsel findet man in Boutiquen oder im Kunsthandel. Denn wie die Architekten bei der Stadtplanung sind auch die finnischen Designer für die Formgebung über die Grenzen ihres Landes hinaus berühmt. So schuf Stefan Lindfors den einzigartigen, weil aus einem Stück bestehenden Kemper-Stuhl. Star-Architekt und Möbeldesigner Alvar Aalto kreierte die begehrte Aalto-Vase, ein Kunstwerk aus Glas.

Entfernungen

km		km
	Helsinki	1768
	130 km	
130	**Kouvola**	1638
	98 km	
228	**Mikkeli**	1540
	300 km	
528	**Kuopio**	1240
	350 km	
878	**Oulu**	890
	215 km	
1093	**Rovaniemi**	675
	675 km	
1768	**Nordkap**	

Finnische Mädchen in ihrer Festtagskleidung. links oben
Olympiasieger und Weltmeister Paavo Nurmi. links unten
Mit dem Campingbus am Inari-See. oben
Goldgräberstimmung gibt's in Finnland nur noch im Museum in Tankavaara. unten

Route **5**

Von Narvik nach Stockholm

Wer hätte das gedacht? Temperaturen bis 30 Grad sind im Norden Schwedens keine Seltenheit. Aber das Land zwischen der schwedisch-norwegischen Grenze in Lappland und der Hauptstadt Stockholm ist viel zu reizvoll, um sich nur irgendwo in einer einsamen Schärenbucht in der »Höhensonne« zu aalen.

Lappland von seiner schönsten Seite. Archäologische Funde belegen, dass hier schon vor 6000 Jahren Menschen lebten.

In der Einsamkeit des hohen Nordens

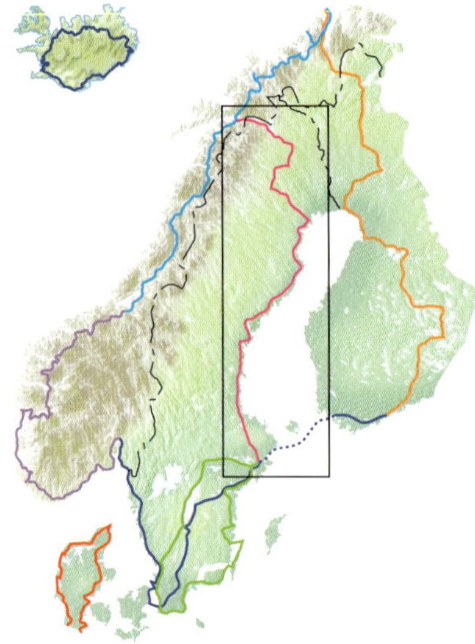

Der Weg ist das Ziel. Dieses Motto passt nirgendwo besser als hier in Lappland und den Landschaften zwischen Norrbotten und Gästrikland bis nach Stockholm. Hier ist Europas letzte Wildnis: rau und doch harmonisch, einsam und doch reich an Leben, kühl und doch warm. Dank des Golfstroms. Und Abstecher lohnen sich, um Seen, Wälder und Fjälle zu erforschen.

Die Familie ist ausgehbereit: Das Mittsommerfest in Rättvik lockt alle und ist Anlass genug, die schönsten Trachten aus dem Schrank zu holen.

Wer viel Zeit hat, kann es perfekt machen: Statt auf der E 4 am Meer entlang, fährt er rund 2000 Kilometer mitten durchs Land, durch abenteuerlichste Landschaft, wo einem Orte mit mehr als 3000 Einwohnern wie eine Großstadt vorkommen. Man stößt eher auf einen Elch, als einen Menschen zu treffen. Garantiert hat man es mit kurvenreichen Pisten zu tun, darf Seen und Sümpfe umrunden und reichlich Hochebenen überwinden. Und während die Europastraße am Wasser gut ausgebaut ist, bereiten die Straßen im Landesinnern schon mal Kopfzerbrechen. Man sollte also durchaus die hier beschriebene Route auf der E 4 von Luleå am Meer entlang gen Süden ab und zu verlassen und einen Abstecher in das Hinterland unternehmen.

Wandern auf dem Königspfad. *Riksgränsen* ist ein kleiner Grenzbahnhof, der Ort liegt auf gut 500 Metern Höhe. Da es hier reichlich Schnee gibt, entwickelte sich rund um den Ort und im *Abisko Nationalpark* ein beliebtes Wintersportgebiet. Bis Anfang der achtziger Jahre erreichte man die Region nur von Westen aus, denn erst 1982 wurde trotz heftigen Widerstands vieler Samen gegen den Einschnitt in ihren Lebensraum das letzte Teilstück der E 10 bis zur norwegischen Grenze freigegeben. Inzwischen ist ihnen bewusst, dass über diese Straße auch Touristen reisen, die Geld bringen. Diese machen Station in *Abisko*, im Norden des Abisko Nationalparks und am Südufer des Torneträsk gelegen. Vom Touristenhotel aus bietet sich ein großartiger Blick über den 71 Kilometer langen, nur 9 Kilometer breiten See auf die Bergwelt im Norden. Unter Trekking-Reisenden ist diese Herberge bekannt und beliebt, denn sie ist der ideale Ausgangspunkt für Wanderungen durch den Park. Ähnlich wie die Norweger wandern auch die Schweden sehr gern, und in der Szene kann nur mitreden, wer auch den gesamten Kungsleden, den Königspfad, gewandert ist. Er verläuft in Nord-Süd-Richtung zunächst durch den 75 Quadratkilometer großen Park, später durch den Sarek Nationalpark und sollte auf der gesamten Strecke nur mit einem Führer bewältigt werden. In mehrfacher Hinsicht ist der Abisko Nationalpark, erst 1909 eingerichtet, überragend: Zum einen wegen des sehr interessanten geologischen Aufbaus und zum anderen, weil hier einige der höchsten Berge Schwedens liegen. Wer nicht zum Wandern gekommen ist, lässt es per Sessellift von der Touristenstation gemütlich angehen, um den Rundblick vom Gipfel des 1169 Meter hohen Njulla zu genießen.

Jeder fünfte schwedische Haushalt besitzt ein eigenes Boot. Hier auf der Halbinsel Nordingrå.

Das »Gold des Nordens«. Die Fahrt führt am Torneträsk entlang unweigerlich in die größte Stadt der Welt, geht man von ihrer Fläche aus: 19447 Quadratkilometer (Berlin: 883)! Rein rechnerisch kann also fast jeder der gut 20 000 Einwohner *Kirunas* einen ganzen Quadratkilometer Stadtfläche sein eigen nennen, denn die Stadt reicht bis an Norwegen und Finnland heran. Und so bewegt man sich auf städtischem Gebiet auf einem der spektakulärsten Ausflüge, nämlich zum Kebnekaise, dem mit 2111 Meter höchsten Berg Schwedens. Er ist ein mächtiger Koloss südwestlich der Stadt, der vom abfließenden Gletscherwasser der Eiszeit glatt geschliffen wurde. Wer ihn besteigen möchte, braucht viel Ausdauer, eine gute Ausrüstung und eine Führung. Kiruna selbst ist eine Grubenstadt geblieben, auch wenn sich nicht mehr alles ausschließlich um den Bergbau dreht. Eine ständige Fotoausstellung im Hjalmar Lundbohmsgården dokumentiert den Bau der Erzbahn Ende des 19. Jahrhunderts in den eisfreien Hafen von Narvik. Dahin rollen auch heute noch ständig Züge, beladen mit dem »Gold des Nordens«, dem Eisenerz. In der weltweit größten Eisenerzgrube Järnmalmsgruva i Kiirunavaare erhält man einen Einblick in die Arbeitsbedingungen unter Tage. Lohnend ist auch ein Besuch der Jukkasjärvi kyrka, mit deren Bau 1607 begonnen wurde und die damit die älteste Kirche Lapplands ist.

»Je näher der Herbst und die Zeit der ewigen Nacht rückten, desto weniger gelang es dem See, sich von den Schatten zu befreien. Es schien fast so, als habe er Gefallen an der Dunkelheit ...«

Robert Crottet, 1955

Das Gebiet der Samen. Durch einsame Wald- und Moorgebiete führt der Weg nach *Jokkmokk*, der lebendigsten Samengemeinde Schwedens. Auf diesem alten Handelsplatz der Samen ist ein Bauernhof von 1750 als Freilichtmuseum eingerichtet. Den besten Einblick in die Lebensweise des einzigen europäischen Nomadenstammes bietet das Fjäll- und Samenmuseum Ajtte. Ajtte bedeutet Vorratskammer – und so ist auch das größte Samenmuseum Schwedens eine Art Hüterin der alten Traditionen und Bräuche der Samen. Dazu gehören auch Informationen über das Pastavaggetal im *Sarek Nationalpark* nordwestlich der Stadt. »Dieses Tal«, sagen nämlich die Einheimischen, »ist ein Ort des Unglücks.« Und so meiden es die

Je nachdem, ob der Wettergott wohlgesonnen ist oder nicht, fährt man mit der Hochzeitskutsche zur Trauung, oder man wählt die Schlechtwettervariante, den Wagen. oben
In einer Samenhütte in Jukkasjärvi. Mitte
Führungen in die größte unterirdische Grube der Welt in Kiruna darf man sich nicht entgehen lassen. unten
Am Torneträsk-See liegt der Abisko Nationalpark. rechts

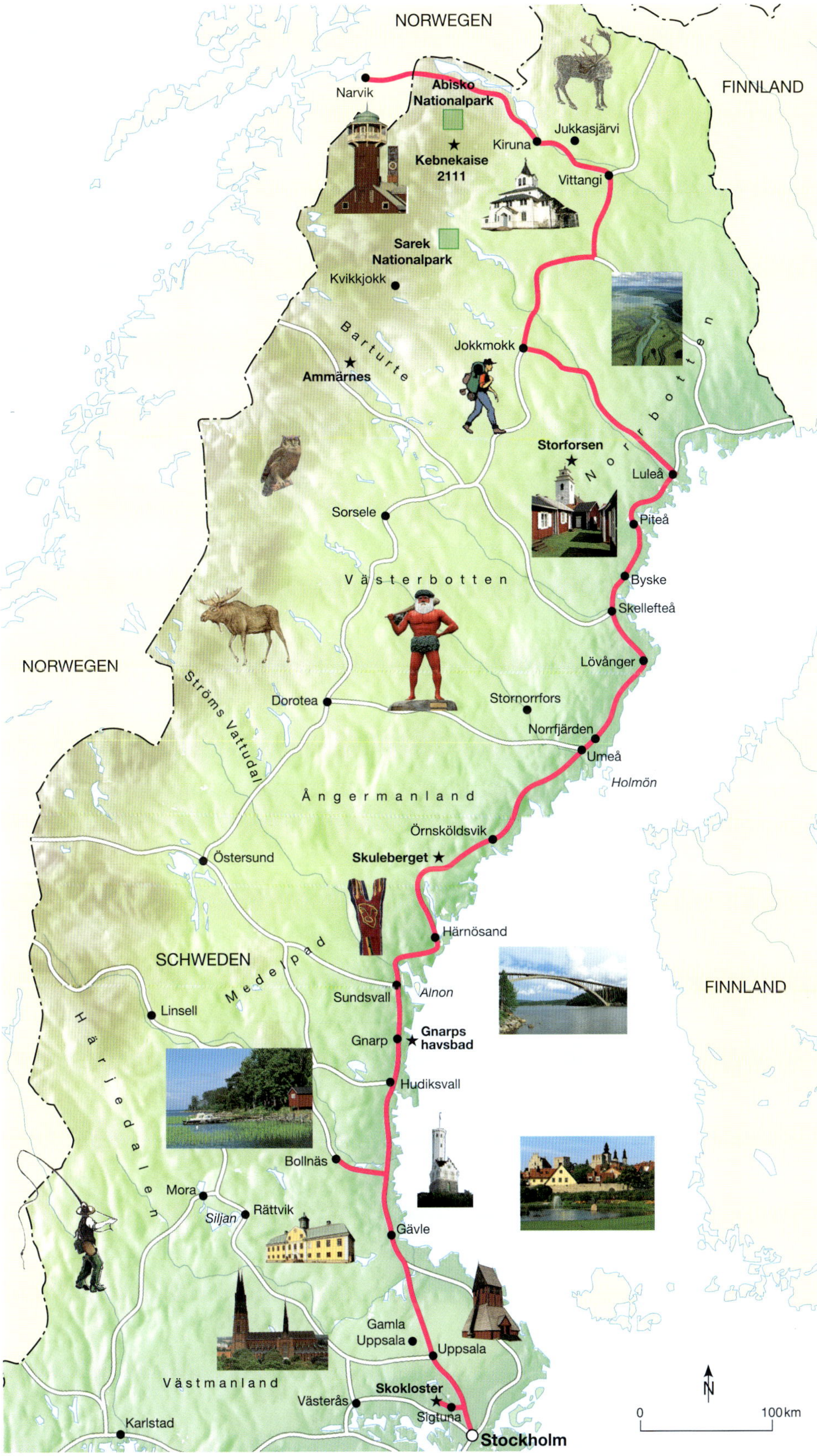

Geführte Wanderungen zum Kungsleden werden im 77 Quadratkilometer großen Abisko Nationalpark angeboten. oben
Urlaub im Paradies: Landschaft bei Nordingrå. Mitte
Jokkmokk befindet sich am Polarkreis. unten

Der Abisko Nationalpark. Die Hotelanlage des schwedischen Touristenvereins steht übrigens auch Wanderern zum Kungsleden offen. Kondition, Erfahrung und gutes Kartenmaterial braucht, wer den 500 Kilometer langen Kungsleden wandert.

Samen von jeher. Der Sarek Nationalpark ist ein eher unwirtliches Gelände, das den Tieren aber alles Glück auf Erden beschert. Elchherden, Moorschneehühner und sogar Bären sind in diesem völlig unberührten 2000 Quadratkilometer großen Park zu Hause. Richtig Freude bereitet er nur Wanderern, die sehr gut ausgerüstet und bei allerbester Kondition sind: Es gibt hier keine Wege und keine Hütten, dafür Natur satt – viele Sümpfe, hohe Berge und weite Täler. Menschliche Eingriffe, wie man sie auf der Fahrt von Jokkmokk nach Luleå findet, sind verboten.

Industrie und Natur. Mit den Staudämmen wird nicht nur Energie gewonnen, sondern es werden auch Arbeitsplätze geschaffen. Den rund 70 000 Einwohnern *Luleås*, an der Mündung des Lulealv am Bottnischen Meerbusen gelegen, ging es nie schlecht. Der Erzabbau und der Hafen bescheren der Stadt relativen Reichtum. Zwischen Mai und Dezember legen hier die großen Dampfer ab, beladen mit Eisenerz aus den gewaltigen Lagerkapazitäten im Hafen. Bis zu 5 Millionen Tonnen Erz können in den Hafenanlagen im Winter, wenn Luleås Hafen zugefroren ist, verstaut werden. Ein imposanter Blick über die Hafenanlagen und die faszinierende Küstenlandschaft Luleås bietet sich vom Ormberget, einem

Berg, der gut mit dem Auto zu erreichen ist. Auf eine Schiffstour in die Schären mit einer außergewöhnlich intakten Flora und Fauna sollte man dennoch auf keinen Fall verzichten.

»Die meisten Sonnenstunden haben wir«, sagen die Öländer einige hundert Kilometer südlich. Das sei nicht wahr, hallt es aus Piteå zurück, hier oben, etwas nördlich von Skellefteå, sei die wirkliche »schwedische Riviera« mit dem feinsandigsten Strand in Havsbaden – und mehr Sonne als sonstwo in Schweden. *Piteå* ist einen Stopp wert – zum Baden oder für einen Besuch in der Altstadt mit ihren sehenswerten Holzhäusern, denn Piteå wurde seit dreihundert Jahren von Bränden verschont. Der Fluss Piteälv, der bei Piteå in die Ostsee mündet, hat bis heute seinen natürlichen Lauf behalten – darüber freuen sich die Lachse, und darüber freuen sich wiederum die Angler. Diese Region an der Grenze zwischen Lappland und Västerbotten bietet Ruhe suchenden Urlaubern viel. Wer es romantisch mag, unternimmt beispielsweise ab *Byske* einen Reitausflug in den Marranåsvältan, einer Art Grand Canyon des Norrlandes mit Flüssen und Wasserfällen.

Mit Kanu, Kajak oder Rafting kann man hier rund um die Uhr aktiv sein. Denn *Skellefteå* genauso wie das 100 Kilometer südlich gelegene Zentrum Västerbottens, *Umeå*, kümmern sich in jüngerer Zeit nicht nur um Industrie und Handel, sondern verstärkt um touristische Angebote. Die überragende Sehenswürdigkeit der Stadt ist das Museumsgelände Gammlia, wo im Sommer im Freilichtmuseum Hobby-Schauspieler das Leben von damals nachstellen: Dann wird auf landestypische Weise das »tunnbröd« gebacken, Garn gesponnen und altes Werkzeug aus Holz hergestellt. In der näheren Umgebung von Umeå gibt es mehrere Wasserkraftwerke, die das gesamte Västerbotten unabhängig von fremder Energie machen. Überhaupt ist wirtschaftliche Unabhängigkeit ein wichtiges Kriterium, nicht nur für den

Manchmal fährt man viele Kilometer mutterseelenallein, bis man dann plötzlich Bekanntschaft mit einem netten Vierbeiner macht ... oben und unten

Sehenswert ist auch das Freilichtmuseum von Hägnan. Mitte

Etwa 10 Kilometer westlich von Luleå liegt »Gammelstad«. Kirchgänger und Wanderer bekommen in den etwa 500 Kirchhütten Übernachtungsmöglichkeiten. links

Wohlstand, sondern auch für das allgemeine Selbstverständnis der Menschen fernab der Hauptstadt Stockholm. Deshalb gründete Umeå Mitte der sechziger Jahre des vorigen Jahrhunderts die einzige Universität Nordschwedens, an der heute rund 10 000 Studenten eingeschrieben sind. Natürlich macht sich das bei insgesamt knapp 90 000 Einwohnern positiv bemerkbar, vor allem im Sommer, wenn es nicht dunkel wird und junge Leute im Dämmerlicht die Straßen bevölkern.

Härnösand ist vor allem bekannt, weil die »Höga Kusten« nahe ist. Die »hohe Küste« im Bottnischen Meerbusen bietet Felsen, Sandbuchten, Badestrände und Naturschutzgebiete. oben
Der Traum vieler Schweden: ein Häuschen am Wasser und ein eigenes Boot. unten

Mitternachtssonne am Strand. An den Stränden der Insel *Holmön* die Mitternachtssonne zu beobachten, ist besonders reizvoll. Ein paar Kilometer nördlich von Umeå setzt man in Norrfjärden kostenlos mit dem Pkw auf die kleine Insel über. Auch hier ist man, Holmöner Statistiken zufolge, am sonnenreichsten Flecken Schwedens. Ornithologen der ganzen Welt sind von den vielen einheimischen Vogelarten begeistert, und manchmal lassen sich hier sogar exotische Exemplare wie Turteltauben und Fliegenschnäpper bewundern. Durch Wälder, vorbei an Mooren und Seen, ist die Insel ein ideales Fahrradrevier, und wenn man eine Pause einlegen möchte, ist einer der zahlreichen schönen Strände garantiert ganz in der Nähe zu finden.
Wald zur Rechten und Wasser zur Linken bestimmen die Fahrt auf der E 4 südlich von Umeå. Und natürlich immer wieder Inseln und Schären. Den Höhepunkt erreicht diese Landschaft hinter Örnsköldsvik, einer Stadt von 60 000 Einwohnern mit einer bezaubernden Lage. Auf dem Varvsberget, dem kleinen Berg mitten in der Stadt, beginnt der Höga Kustenleden. Dieser 130 Kilometer lange Wanderweg führt immer an der Küste entlang in Richtung Süden mitten durch den 25 Quadratkilometer großen Skulekogen Nationalpark, wo dichter Wald bis ans Meer reicht. Die Steilküste ist hier bis zu 200 Meter hoch. Fjorde und Buchten unterbrechen immer wieder diese einmalige Küstenlinie, die im beeindruckenden Naturereignis *Slådalskrevan* ihren Höhepunkt findet.

Knapp 6 Meter breit, 200 Meter lang und bis zu 50 Meter tief ist diese imposante Felsspalte. Aber auch der Rundblick vom Skuleberget, einem fast 300 Meter hohen Schärenberg, zu dem inzwischen auch eine Seilbahn hinaufführt, ist atemberaubend.

Freilichtmuseum mit Holzhäusern. Weiter in südlicher Richtung erreicht man die reizvolle Stadt *Härnösand*, die teils auf der Insel *Härnö*, teils auf dem Festland liegt. Schon Mitte des 16. Jahrhunderts entstand die Siedlung als Handelsstützpunkt. Viele alte Holzhäuser prägen das Stadtbild. Achtzig Gebäude wurden im Murberget Freilichtmuseum aus dem gesamten Norrland zusammengetragen und geben Einblick in die Architektur.

Üppige Natur an Flüssen und Seen. Das etwas südlich gelegene *Sundsvall* gehört zur Region Medelpad, einer kleinen, aber feinen Landschaft. Sundsvall, wichtigste Hafen- und Handelsstadt Mittelschwedens, ist Ausgangspunkt für Touren ins Landesinnere entlang den Flüssen Indalsälven und Ljungan. Hier und an zahllosen Seen zeigt sich die Natur wieder üppig und vielfältig. Man stößt aber auch auf abgeholzte Wälder. Schon seit Jahrhunderten bildet Holz die wirtschaftliche Grundlage von Sundsvall, Zentrum der schwedischen Holz- und Papierindustrie. Allein auf der Insel Alnön, über eine 1000 Meter lange Brücke mit der Stadt verbunden, standen im 19. Jahrhundert vierzig Sägewerke, von denen einige als Ruinen besichtigt werden können. Andere sind noch in Betrieb.

Landwirtschaft bestimmt das Bild auf der Weiterfahrt nach Süden Richtung Hudiksvall. Bei Gnarp sollte man auf einer Nebenstraße zum *Gnarps havsbad* fahren. An diesem einsamen Küstenabschnitt erstrecken sich wunderschöne Sandstrände bis hin nach Hudiksvall.
Eine Fahrradtour auf die Halbinsel *Hornslandet* erschließt dem Besucher ein Freizeitparadies, welches zahlreiche Möglichkeiten inmitten einer herrlichen Natur bietet.
Östlich von *Hudiksvall* sollte man in Alfta Linnea Avenbergs Puppenmuseum besuchen. Sechshundert Puppen, die zum Teil mehr als zweihundert Jahre alt sind, zeigen, dass auch schon die kleinen Mädchen unserer frühen Vorfahren dieses Spielzeug über alles liebten. Fortsetzung Seite 108

Im Freilichtmuseum Umeå wird Brot nach alten Rezepten gebacken. oben
Das Mannaminne-Museum in Nordingrå zeigt eine bunte Vielfalt des nordischen Lebens. unten
Morgennebel liegt über Nordingrå. großes Bild

Eine Landschaft, die süchtig macht: im Vordergrund Nordingrå in Nordschweden am Bottnischen Meerbusen.

Wenn die Nacht zum Tag wird

Sonnenwendfeuer. oben

Wenn die Sommersonnenwende naht, wird die Maistange geschmückt. Mitte

Dalarna ist Hochburg der Mittsommerfeste. unten

Hormone spielen verrückt, die Nacht wird zum Tag. Die Menschen kommen nicht zur Ruhe. Kinder toben mitten in der Nacht auf den Straßen. Jeder genießt die Zeit der Mitternachtssonne und der kalendarischen Sommersonnenwende. Die Tage enden nicht, und viele tanken Licht, um sich für die lange Dunkelheit des Winters zu rüsten. Mittsommer bedeutet feiern.

In Norwegen ist deshalb in der Nacht zum 24. Juni alles auf den Beinen. Es ist Johannistag, »midsommar«, der Feiertag, an dem sich Familien treffen und Freunde Feste organisieren. Alle wollen mit dem Boot auf eine kleine Insel fahren und das Johannis dem Täufer gewidmete Johannisfeuer entzünden. Der Tradition gemäß wird alles verbrannt, was vom Winter noch übrig ist. Und wenn das Feuer dann lichterloh brennt und mit der nächtlichen Sonne konkurriert, dann muss dieses Ereignis begossen werden ...

Auch viele Schweden feiern die Mittsommernacht gern im privaten Kreis mit einem ausgedehnten Picknick im Freien. Der »sill« (marinierter Hering), Dillkartoffeln und Erdbeeren dürfen nicht fehlen. Außerdem finden auch große Feste mit viel Brauchtum und Tradition statt. Berühmt ist dafür die Region Dalarna um den Siljansee. Alles dreht sich um die blumengeschmückte Maistange: Dieser Baum, der früher als Fruchtbarkeitssymbol galt, wird ständig umtanzt. Aber auch in unseren Tagen scheint die Maistange ihre magische Kraft nicht verloren zu haben. Statistiker stellen immer wieder im darauf folgenden Monat März eine erhöhte Geburtenrate fest.

Ursprünglich wurde der Mittsommer in Schweden stets am 21. Juni gefeiert. Mittlerweile ist es jedoch üblich geworden, die nächste darauf folgende Nacht von Freitag auf Samstag zur »Nacht der Nächte« zu machen.

Selbstverständlich feiert man auch in Finnland die Mittsommernacht, und zwar am letzten Wochenende im Juni als das »große Fest der nachtlosen Nächte«. Besonders in Lappland fiebern die Samen ebenso wie die Urlaubsgäste dem größten Fest des Jahres entgegen. Kilpisjärvi feiert die Woche um die Sonnenwende sport-

lich, unter anderem mit einem Mittsommerskilauf und einem Orientierungslauf ins Fjäll.
Überall zwischen Helsinki und Inari-See, wo in der Einödkirche von Pielpajärvi ein weithin berühmter Gottesdienst stattfindet, brennen in dieser Nacht helle Lagerfeuer. Früher sollten die Dämonen vertrieben werden, heute heißen sie Johannisfeuer. Die Menschen tanzen viel, trinken nicht weniger und genießen die gute Laune und das Licht. Die Dunkelheit kommt ja sowieso wieder ...

Die Sache mit dem Licht ...
»Winterdepression« nennen die Menschen vor allem nördlich des Polarkreises den Seelenzustand, der kommt, wenn die Sonne geht. Immer mehr Nordländer leiden unter der Dunkelheit im Winter, wenn es rund fünf Wochen dunkel bleibt.
Niedergedrückte Stimmung, Energiemangel und wenig Lust an sozialen Kontakten fühlen die Menschen dann.
Manche versuchen es mit Fitness-Studios oder regelmäßigem Schwimmen, andere nehmen Reißaus und verbringen so viel Zeit wie möglich dort, wo die Sonne scheint – beim Baden auf den Kanarischen Inseln zum Beispiel.
Oder sie versuchen es mit Tageslichtröhren, die zu Hause und in den Büros installiert werden. Und in den letzten Jahren wird verstärkt in den nordischen Ländern die Lichttherapie angeboten: Dabei nehmen die Menschen (soll man sie Patienten nennen?) über vierzig Minuten täglich Tageslicht in einer Stärke von 40 000 Lux auf. Und siehe da, Lebensfreude und positive Einstellung kommen zurück.

Das Kirchboot fährt nach Rättvik zum Sonnenwendfest, wo zur Mittsommernacht ausgiebig gefeiert wird. oben
Feierliches Aufstellen eines Maibaums in Siljansee. unten

Südlicher Handelsstützpunkt. Über *Bollnäs*, wo die Flüsse Voxnan und Ljusnan zusammenfließen und ideale Voraussetzungen für Angler und Kanuten bieten, geht es auf einer kleinen Nebenstrecke parallel zur E 4 nach *Gävle*, dem Verwaltungssitz der Provinz Gävleborgs Län. Mit mehr als 90 000 Einwohnern ist Gävle die größte Stadt Norrlands; sie ist aber auch die älteste. Schon König Johann III. erkannte im 16. Jahrhundert, wie wichtig Gävle als südlicher Handelsstützpunkt für Holz und Erze ist, und ließ am Ufer des Gavleån, der mitten durch die Stadt fließt, ein Schloss bauen. Heute residiert in den alten Mauern die Provinzregierung.

Ursprung des Svea-Reiches. Auf der E 4 gelangt man weiter ins Landesinnere und überquert nach wenigen Kilometern den Gavleån, der hier allerdings mehr einem See als einem Fluss gleicht. Immer fruchtbarer wird die Landschaft, und bevor die Universitätsstadt Uppsala erreicht ist, sollte man das ursprüngliche Uppsala, *Gamla Uppsala*, aufsuchen. Eine kleine Kirche erinnert an das Svea-Reich im Mittelalter. Von »Svea-Reich« leitet sich übrigens auch

Seit Mitte des 15. Jahrhunderts ist Uppsala Universitätsstadt. oben Der gotische Dom von Uppsala mit der barocken Kanzel. unten »Venedig des Nordens« wird Schwedens Hauptstadt Stockholm auch genannt. rechts

der Name »Schweden« ab. Hier residierten einst die schwedischen Könige, bis sie im 17. Jahrhundert Stockholm als Regierungssitz auswählten. Die Domkirche aus dem 12. Jahrhundert ist sehenswert. Wer die Zeiten von damals aufleben lassen möchte, der sollte das Restaurant »Odinsborg« aufsuchen, wo man Speis und Trank wie zu Wikingerzeiten serviert.

Universitätsstadt mit Weltruf. *Uppsala* sorgt kräftig für Schwedens akademischen Nachwuchs: 160 000 Einwohner, mehr als 20 000 Studenten. Unbedingt sollte man einen Blick in die berühmte Bibliothek nahe dem Campus werfen: Hier stehen über zwei Millionen Bände und viele handschriftliche Unikate. Das wichtigste Ausstellungsstück ist aber der Codex Argenteus, die Abschrift der Bibelübersetzung des Gotenbischofs Ulfilas aus dem Jahr 500. Seit 1969 stehen die 186 – ursprünglich waren es mehr als dreihundert – purpurfarbenen Pergamentblätter mit goldenen und silbernen Buchstaben in der Universitätsbibliothek von Uppsala.

Geschichtsträchtig geht die Reise vom nördlichen Schweden bis in die Hauptstadt zu Ende, in *Sigtuna* nämlich, knapp 40 Kilometer von der Hauptstadt entfernt. Bis ins 12. Jahrhundert war das beschauliche Städtchen an einer Bucht des Mälarsees Bischofssitz, wovon bis heute die Überreste von nicht weniger als sechs Kirchen zeugen; aber nur die Marienkirche aus dem 13. Jahrhundert ist noch erhalten. Auf dem Weg nach Stockholm lohnt sich noch ein kurzer Abstecher ins Schloss Skokloster. Dieses ehemalige Zisterzienserkloster wurde 1244 gegründet. Knapp vier Jahrhunderte später fand der schwedische Reichsmarschall Karl Gustav Wrangel Gefallen an dem Gemäuer, und er ließ es als seine Residenz umbauen. Seinen Namen aber durfte es behalten. Bis heute.

Schloss Drottningholm ist heute die Sommerresidenz der königlichen Familie. oben
Freie Plätze in den Cafés der Stockholmer Altstadt, der Gamla Stan, sind im Sommer begehrt. Mitte
In Schweden steht die Monarchie nicht zur Diskussion – und schon gar nicht zur Disposition. unten

Planen und erleben ...

Bleiben wo es schön ist – mit dem Wohnwagen kein Problem. oben
In Nationalparks werden auch Führungen angeboten. Mitte
Die Geschichte der Universität von Uppsala reicht bis ins 15. Jahrhundert zurück. unten

DIE HIGHLIGHTS

Kungsleden

Der »Königspfad« hat wahrlich majestätische Ausmaße: Mehr als 200 Kilometer führt der Kungsleden von Abisko nach Ammarnäs.
Auch Hobby-Wanderer ohne Bergerfahrung können den Wanderweg meistern, aber man sollte schon gut bei Puste sein. Etwa alle 25 Kilometer steht eine unbewirtschaftete Hütte, etwas weiter sind die bewirtschafteten Fjällstationen voneinander entfernt.
Hier kann die Tour, die durch Bäche und über Hängebrücken führt, jederzeit abgebrochen werden.
Erst der letzte gut 100 Kilometer lange Abschnitt zwischen Kvikkjokk und Ammarnäs mit einigen höheren Bergen könnte für Ungeübte zum Problem werden.

Storforsen

In Piteå muss man die Straße 88 landeinwärts nehmen, um den vermutlich größten Wasserfall des Nordens, Storforsen, zu sehen. Mit seinen Stromschnellen rauscht das Wasser auf einer Länge von 5 Kilometern durch das Tal und überwindet dabei 82 Höhenmeter. Mehrmals in der Vergangenheit wurden die Wassermassen gezähmt, um den Fluss Piteälv für die Holzfäller nutzbar zu machen. Im Sommer ist das Naturereignis beliebter Ausflugsort, oder es werden in großem Stil Ballettaufführungen organisiert.

Hornslandet

Von der weiten Halbinsel Hornslandet östlich der Stadt Hudiksvall sprechen in Schweden vor allem Outdoor-Fans. Hornslandet ist reich gesegnet mit großen Naturreservaten, endlosen Wandergebieten und viel Strand. Auch wenn viele der kleinen Holzhäuser heute in Privatbesitz sind, hat sich der alte Charme der kleinen Fischerdörfer Kuggörna im Nordwesten und Hölick im Süden erhalten. In Kuggörna steht noch eine Kapelle aus dem 12. Jahrhundert. Im Hornsland-Museum kann man sich über die Entwicklung der Halbinsel und deren Flora und Fauna informieren.

Sornorrfoss Kraftstation

Am Fallens Dag ist halb Norrland auf den Beinen. Einmal im Jahr, am dritten Sonntag im Juli, öffnet nämlich die Sornorrfoss Kraftstation ihre Schleuse, um das angestaute Wasser statt zu den Turbinen in das ursprüngliche Flussbett zu leiten. Jedes Jahr kommen mehr Einheimische und Gäste zu dem Spektakel, um mitzuerleben, wie diese unglaubliche Wasserfontäne zu Tal stürzt. Rund um das eigentliche Ereignis hat sich ein Volksfest etabliert.

Uppsala

Die schönsten Sehenswürdigkeiten von Uppsala liegen alle dicht beieinander: Dom, Universität mit der Bibliothek und das Schloss. Die größte Kathedrale des Nordens ist genauso hoch wie lang, nämlich 118,70 Meter. In dem 1435 geweihten gotischen Bauwerk fanden einige große Schweden ihre letzte Ruhestätte, beispielsweise der Naturforscher

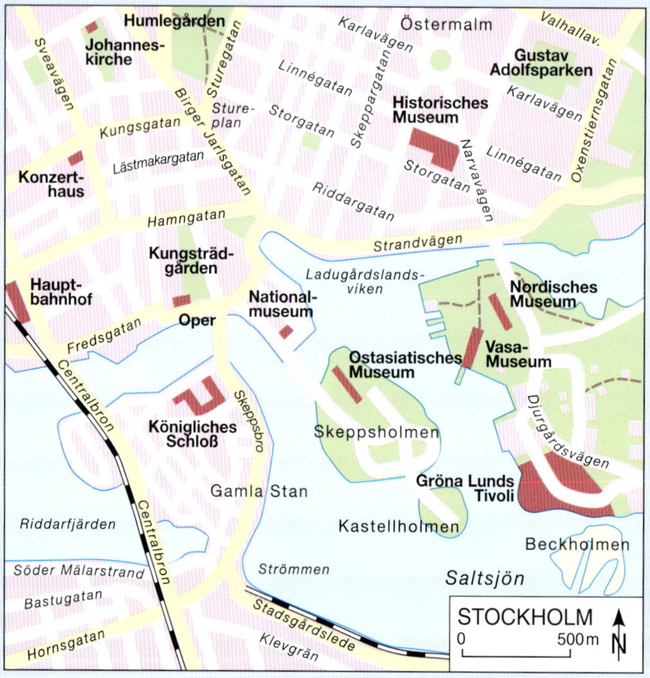

Außergewöhnliche Aktivitäten

Eisangeln
In Lappland ist Eisangeln sehr beliebt. Die Touristbüros informieren und verteilen Lizenzen. Am besten beißen die Fische vor Weihnachten; am schönsten aber ist es im Frühling, wenn die ersten Sonnenstrahlen für warme Gedanken auf dem Eis sorgen.

Wildwasserfahren
Wo viele Flüsse sind, gibt es auch Stromschnellen für Abenteuer in einem stabilen Gummiboot mit acht bis zehn Leuten, allein in einem Kajak oder für die ganze Familie.

Reiten
In Schweden werden Ausflüge zu Pferd angeboten – von ein paar Stunden am Nachmittag bis zu mehrtägigen Wildnisausflügen mit Wildwestromantik.

Hundeschlitten
Touren mit dem Hundeschlitten bietet man bis in den Frühling hinein an. Es ist schon ein einzigartiges Gefühl, angetrieben von acht oder zehn Hundestärken durch die winterliche Landschaft zu gleiten.

Entfernungen

km		
km	**Narvik**	1408
	360 km	
360	**Jokkmokk**	1048
	160 km	
520	**Luleå**	888
	253 km	
773	**Umeå**	635
	248 km	
1021	**Sundsvall**	387
	210 km	
1231	**Gävle**	177
	102 km	
1333	**Uppsala**	75
	75 km	
1408	**Stockholm**	km

Carl von Linné und der Philosoph Emanuel Swedenborg. Am Hauptgebäude der Universität vorbei, das in seinem Inneren vor Marmor und Prunk nur so glänzt, geht es zum Schloss mit einer herrlichen Aussicht über die Stadt, das 1548 von Gustav Vasa angelegt und erst im 18. Jahrhundert vollendet wurde. Heute ist es der Wohnsitz des Regierungspräsidenten.

Die Inlandsbana
Es war schon ein abenteuerliches Unterfangen, beinahe vergleichbar mit dem Bau der Eisenbahn im »Wilden Westen« der USA: Anfang des 20. Jahrhunderts wurde beschlossen, mit der Inlandsbana von Süden nach Norden eine Art schwedisches Klondike zu erschließen und die Menschen auf diesem Weg zu überzeugen, dass Wohlstand und Reichtum auch zu Hause in Schweden und nicht im gelobten Auswanderungsland Amerika zu finden waren. Heute dampfen die teilweise alten Lokomotiven auf einer Strecke von 1050 Kilometern zwischen Mora in Mittelschweden fast bis zur norwegischen Grenze hinauf nach Gällivare. Es ist schon eine Überlegung wert, das Auto stehen zu lassen und vielleicht ein Teilstück hin und zurückzufahren. Denn welcher Zug auf der Welt hält sonst schon, wenn gerade die Sonne so schön scheint und das spiegelglatte, glasklare Wasser des Sees neben den Gleisen zum Badestopp einlädt ...?

TIPPS FÜR UNTERWEGS

Flora und Fauna
Schon der Botaniker Carl von Linné war im 18. Jahrhundert vom Norden und der Anpassungsfähigkeit der Flora und Fauna begeistert. In den weiten, lichten Birkenwäldern kann man vielleicht eine der widerstandsfähigsten Blütenpflanzen, den weißblütigen Gletscherhahnenfuß, finden.
Auch Elche und Luchse, Adler und Falken sowie Otter und Biber sind in der freien Natur zu beobachten.

Kleidung
Das Wetter ist oft besser als sein Ruf: Wegen der langen täglichen Sonneneinstrahlung im Sommer und der Nähe zum Golfstrom kann es angenehm warm werden.
Also gehört Sommer- und Herbstkleidung ins Gepäck. Die Schweden bevorzugen ein lockeres Outfit.
Für längere Wanderungen empfiehlt sich helle Kleidung aus dichtgewebten Stoffen gegen Mücken.

Zugang für Privatleute verboten: die Erzgrube von Falun. oben
Den Umgang mit Tieren lernen die Samen von klein auf. unten
Die Gustav Adolfs Kyrkan von 1894 in Sundsvall. links oben
Das Linnéanum, der Botanische Garten, im Norden von Uppsala. links unten

Route **6**

Zwischen Trelleborg und Stockholm

Feinster Strand hinter mächtigen Dünen, Bäche, Flüsse, Seen, sanfte Natur zwischen Wäldern und Landwirtschaft. Ein Streifzug durch das faszinierende Südschweden, die Heimat von Astrid Lindgren und ihrer Pippi Langstrumpf: Orte wie Bullerbü und Lönneberga gibt es wirklich.

Sanfte Hügel, dichte Wälder, saftige Wiesen: Nicht umsonst ist die Provinz Småland der Deutschen liebstes Reiseziel in Schweden.

Eine Reise durch ein Bilderbuch

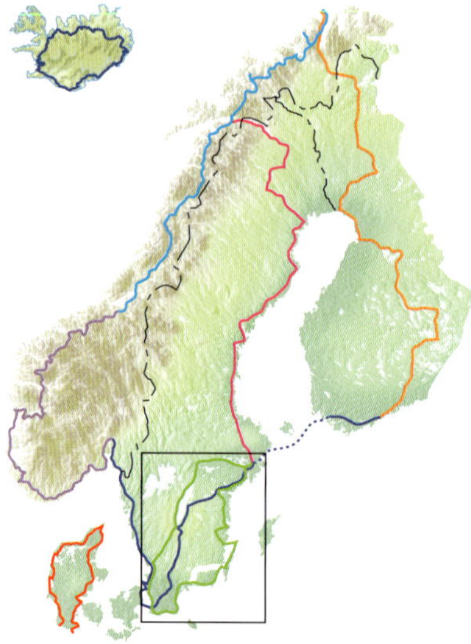

Warum in die Ferne schweifen, sieh, das Gute liegt so nah! Schwedenreisende schwärmen von der Anreise über Dänemark oder mit der Fähre über Travemünde, Rostock oder Rügen – Südschweden ist nah, ein Naherholungsgebiet der Extraklasse. Und wer drei Wochen Natur pur erlebt hat, der fühlt sich irgendwie zurückversetzt in die gute alte Zeit mit viel Rast und viel Ruh.

»Easy going« ist das Lebensmotto vieler junger Schweden. Das Land gilt als liberal und fortschrittlich, und auch beim Thema Gleichberechtigung waren schwedische Frauen ihren Artgenossinnen in anderen Ländern immer einen Schritt voraus.

Auf einer Fähre fahren verbindet. Ob man nun auf der Vogelfluglinie von Dänemark den Øresund überquert, mit der Schnellfähre von Rügen nach Trelleborg unterwegs ist oder in Travemünde loslegte – auf einer Fähre finden sich immer Gleichgesinnte. Und alle haben sich viel zu erzählen – von Schweden im letzten Jahr, denn dieses Land macht süchtig. Wer einmal dort war, den zieht es wieder hin. Schweden ist nicht einfach ein Land, es ist eine Anschauung, und nicht wenige deutsche Urlauber machen daraus ihre Weltanschauung, kaufen sich ein Ferienhaus und erfüllen sich auf diese Weise ihren Lebenstraum. Vor allem im Süden – in Skåne, in Småland, in Götaland – trifft man überall auf Autos mit deutschen Kennzeichen.

Ganz im Süden. Die meisten Urlauber kommen in *Trelleborg* an, und so lebt die Stadt vom Fährhafen und den Durchgangstouristen, die vielleicht noch kurz über die Palmenpromenade schlendern und sich über diese südländischen Gewächse hier im Norden wundern. Der Leuchtturm Smygehuk an der Küstenstraße R 9 kündigt schon aus der Ferne an: Es ist Schwedens südlichster Punkt, rund 1600 Kilometer entfernt vom nördlichen Ende in Lappland.

Städte, Dünen, Felder. Der gut erhaltene mittelalterliche Stadtkern von *Ystad* mit den vielen Fachwerkhäusern, nur ein paar Kilometer weiter östlich, ist auf jeden Fall einen Abstecher wert. Dahinter erstreckt sich jenes für Skåne so typische Landschaftsbild aus feinem Sandstrand, bewaldeten Dünengürteln und landwirtschaftlich genutzten Flächen.

Strände und Geschichte. Rund um *Sandhammaren* an der Ostspitze Schwedens warten einige der besten Strände des Landes – vor allem auf Surfer. Aber auch Schwimmer lassen sich nicht zweimal bitten, obwohl die Strömung mitunter sehr stark ist. Die historische Bildung kommt ebenfalls nicht zu kurz: *Glimmingehus* ist die am besten erhaltene nordische Burg des späten Mittelalters und war niemals richtig in Bedrängnis. Mit ihren 2 Meter dicken Mauern und der strategisch günstigen Lage mitten in den Sümpfen stellte sie für jeden Angreifer ein echtes Problem dar. Das Leben hinter den Mauern im 16. Jahrhundert verdeutlicht das Museum in der ehemaligen Küche. Früher ließ man sich gern in Skåne nieder, wie die Statistik für das Städtchen *Simrishamn* beweist: Damals lebten 20 000 Menschen vom Fischfang und Handel; heute wohnen nur rund 7000 hier. Und deren Haupteinnah-

Das Passieren der Schleusentreppe bei Borenshult gehört zu den beeindruckendsten Erlebnissen einer Fahrt auf dem Götakanal.

mequelle ist der Tourismus, vor allem wegen des alten Ortskerns und der Nikolaikirche aus dem 13. Jahrhundert. Der Fischfang (vor allem Hering) erlebte eine Renaissance, denn der Hafen wurde nach einem katastrophalen Sturm wieder aufgebaut und entwickelte sich danach zum größten Ostsee-Fischereihafen in Schweden. Über Åhus gelangt man auf der Straße 118 nach *Kristianstad*. Christian IV. erbaute diese Stadt, die sich damals mit Wällen gegen die Schweden schützte. Sehenswert ist die Dreifaltigkeitskirche, die schönste im holländischen Renaissancestil erhaltene Kirche Nordeuropas.

Wehrhafte Provinz. Hier endet die Provinz Skåne, *Blekinge* beginnt, eine klitzekleine Provinz, die sich kreuz und quer in fast einer Stunde durchfahren lässt. Zwischen Karlshamn und Karlskrona macht Blekinge seinem Namen alle Ehre, stammt er doch von »bleke« ab, den stillen Wasserflächen in den Buchten. Davon gibt es hier so viele, dass sich König Karl XI. Ende des 17. Jahrhunderts entschloss, einen Kriegshafen mitten in den Schären zu bauen. Die Residenzstadt *Karlskrona* ist bis heute die Flottenstadt des Königs. Dennoch ist *Kalmar* am sonnigsten Flecken Schwedens das Zentrum im Südosten des Landes. Das mittelalterliche Schloss zieht ebenfalls Besucher an.

Zauberhafte Windmühleninsel. In Kalmar beginnt die 6 Kilometer lange und 40 Meter hohe Ölandbrücke über den Kalmarsund hinüber auf die Windmühleninsel *Öland*, wo rund vierhundert alte Stoppelmühlen Wind und Wetter trotzen. In den Sommermonaten kann es auf der langen, schmalen Insel eng werden für den, der kein Quartier gebucht hat. Wenn es den Blaublütern in Stockholm zu eng wird, trifft man sie auf dem königlichen Schloss Solliden, das sich südlich von Borgholm befindet. Auf dem Weg nach Norden sollte man auf jeden Fall die Ostküste mit den weiten Stränden besuchen und sich den Trollskogen, den »Zauberwald«, ansehen: einen Kiefernhain mit lustig gewachsenen Bäumen. Per Fähre geht es dann von Byxelkrok wieder zurück auf das Festland nach Oskarshamn.

»... goldene Lichter spielten auf den dunklen, glänzenden Wasserspiegeln, und über der Erde zitterte ein heller, blassroter Schein ...«

Selma Lagerlöf, Nils Holgerssons schönste Abenteuer ..., 1906

Urlaubsangebote: der Strand des Nationalparks Stenshuvud oben und das Schloss von Kalmar. rechts
Im Schloss von Örebro wurde Schwedens erste Reichtagsordnung verabschiedet. unten

Stockholm erstreckt sich an der Mündung des Mälarsees in die Ostsee. Sightseeing vom Wasser aus ist demnach Pflicht. oben

In Ystad an der Südküste Schonens: niedliche, alte Häuser und gemütliche, enge Gassen. Mitte

An der Küste des Nationalparks Stenshuvud bietet die Ostsee mit ihren sanften Wellen einen idealen Tummelplatz für kleine Badegäste. unten

Das Bilderbuchschweden *Småland* beginnt: viel Wald, viel Moos, viel Wasser. Mehr als 5000 Seen machen die Provinz zu einem der beliebtesten Ferienziele in Schweden, einem Paradies für Wassersportler. Einen ersten Eindruck der Naturschönheiten vermittelt die Fahrt auf der R 23 und R 34 von der Küste ins Landesinnere Richtung Vimmerby. Man sollte unbedingt bei einem der vielen Glasbläser halten und ihm bei seinem geschickten Handwerk zuschauen, denn Småland wird auch »Glasland« genannt. Schon vor vierhundert Jahren, nachdem Småland begonnen hatte, in großem Stil Eisenerz abzubauen, kamen die ersten Glasbläser aus Italien in den hohen Norden. Mehr als zweihundert Glasmanufakturen haben sich im Lauf der Zeit vor allem im südlichen Teil der Provinz angesiedelt und lassen das »Glasreich« Småland florieren. *Vimmerby* dagegen hat seine wirtschaftliche Grundlage in seiner touristischen Anziehungskraft. Dafür bürgen Titel wie »Ronja Räubertochter« oder »Pippi Langstrumpf« – Helden von Astrid Lindgren, die hier geboren wurde und die Schauplätze ihrer Heimat in ihren Büchern weltberühmt machte. In die Welt

Astrid Lindgrens muss man eintauchen und sich von Pippi oder von Karlsson bezaubern lassen, wenn hier im Sommer Theater gespielt wird. Schauspiele anderer Art sind in *Västervik* zu finden, denn wenige Kilometer vom Stadtzentrum mit den vielen alten Holzhäusern aus dem 18. und 19. Jahrhundert entfernt, beginnt mit dem »Schärengarten« ein Ausflug in eine fantastische Wasserwelt mit über 5000 Inseln. Wer im Juli unterwegs ist, sollte unbedingt die vielen kulinarischen Köstlichkeiten des »visfestival« genießen: Fisch wird hier in allen Variationen serviert, begleitet von musikalischen Leckerbissen vor der Kulisse der Stegeborg Ruine aus dem 14. Jahrhundert.

Kanalkreuzfahrt. *Söderköping* ist eine Art Verkehrsknotenpunkt, an dem die E 22 auf den Götakanal trifft (siehe Seite 120 f.). Autofahrer bestaunen die Kreuzfahrer, und nicht wenige lassen sich aufgrund der schwärmerischen Erzählungen der »Seefahrer über Land« zu einer Fahrt auf dem Götakanal animieren. Köping, das bedeutet »Marktort«. Während Söderköping die gute alte Zeit als einer der wichtigsten Handelsplätze Schwedens im Mittelalter hinter sich hat, steht *Norrköping* als das »Manchester des Nordens« in voller industrieller Blüte. Vor allem Papier und Textilien werden hier verarbeitet. Doch bis auf das Wahrzeichen, den Turm Drottninggattan, und das Stadtmuseum mit schwedischer Kunst des 20. Jahrhunderts hat die Stadt nicht viel zu bieten. Deswegen könnte man sie links liegen lassen und gleich weiter zu Elefanten, Tigern und Giraffen in den Kolmården Zoo fahren, den größten Tierpark Skandinaviens und besonders für Kinder einen Besuch wert. Spannend für kleine Urlauber ist auch Fagervik, ein nahe gelegener Siedlungsplatz aus der Steinzeit. Über Nyköping mit seiner sehenswerten Kirche aus dem 13. Jahrhundert geht es weiter
auf der E 4 nach Stockholm (siehe Seite

Das aufwändige Mittelalterfest von Visby ist für die Einheimischen genauso wie für viele Besucher ein besonderer Anziehungspunkt. oben und Mitte

3500 Meter lang mit 44 Türmen – Visbys Stadtmauer hat schon vielen Angriffen standgehalten. unten

Moosflechten überziehen den Waldboden bei Vimmerby. rechts

136 ff.), oder man biegt vorher links ab auf die E 20. Nach kurzer Zeit erreicht man Schloss Gripsholm.

Wehrhafte Türme. Bo Jonnsson Grip baute hier zwischen 1377 und 1383 als Erster eine Burg und gab den Mauern seinen Namen. Im 16. Jahrhundert wurde das Gemäuer im Auftrag von Gustav Vasa so verändert, wie man es heute sieht, mit mächtigen Mauern, wehrhaften Türmen und reichlich Verteidigungsanlagen.
»Das Schloss, aus roten Ziegeln erbaut, stand leuchtend da, seine runden Kuppeln knallten in den blauen Himmel ...«, so beschrieb Kurt Tucholsky das stattliche Anwesen. 1931 erschien seine Erzählung »Schloss Gripsholm«, die das Schloss berühmt und zu einem touristischen Anziehungspunkt machte. Der Schriftsteller hatte ab 1929 in Schweden Exil gefunden und bei *Mariefred* ein Haus gemietet. Man kann Tucholsky verstehen, denn so reizvoll wie der Name des Städtchens klingt, so idyllisch sind auch die vielen Holzhäuser und die engen Gassen. Von hier werden Rundfahrten zu den 18 Schlössern entlang des Sees angeboten, und wer *Stockholm* und seine maritime Umgebung noch nicht kennt, kann sich hier ein gutes Bild machen; drei Stunden dauert eine Schifffahrt in die Hauptstadt auf dem *Mälarsee*. Mit rund 115 Kilometern Länge ist er Schwedens drittgrößter See und lockt neben den baulichen Sehenswürdigkeiten durch seine unzähligen romantischen Buchten und Inseln. Vielleicht fühlte sich auch deshalb ein anderer Deutscher im 17. Jahrhundert von König Karl X. Gustav dazu verleitet, hierher, genauer nach *Eskilstuna*, zu kommen. Reinhold Rademacher setzte den »eisernen« Grundstein für florierende Schmiedewerkstätten, die heute noch besichtigt werden können. Das Kunstgewerbe hat die Schwermetallindustrie verdrängt, die Eskilstuna über lange Zeit den Beinamen »Stadt der Arbeit« eintrug. Ein kurzer Zwischenstopp bietet sich ebenfalls in *Örebro* an, der gut 120 000 Einwohner großen Metropole am Westufer des Hjälmaren Sees. Highlight ist hier ein Renaissanceschloss, in dem auch König Gustav II. Adolf eine Zeit lang residierte.

Fortsetzung Seite 124

Nicht nur Musik und Tanz, auch Jagdszenen werden beim Mittelalterfest in Visby gezeigt. oben

Fragt man Schweden nach den Eigenschaften, die sie an ihrem Land am meisten lieben, so hört man häufig die Begriffe »Idylle« und »Harmonie«. An diesem Flüsschen in der Nähe von Karlshamn erfährt man hautnah, was es damit auf sich hat. unten

Die schönste Kreuzfahrt über Land

Ein Plakat wirbt um 1900 für eine Überlandfahrt auf dem Götakanal. Mitte
Diese führt auch durch Småland. oben
Nicht nur der Schleusenwärter von Riksberg ist viel beschäftigt. unten

Als 1832 das erste Schiff die Fahrt über Land zwischen Nord- und Ostsee aufnahm, lag der Baumeister dieses »Weges« schon seit drei Jahren unter der Erde. Wie gerne wäre er doch bei der Einweihung des Jahrhundertbauwerks, »seiner« Wasserstraße, dabei gewesen, und wie sehr hätte er sich über die Kirchenglocken gefreut, als das Jungfernboot in Göteborg einlief. Dreißig Jahre lang hatte Baltzar von Platen den Bau des Götakanals als Lebenszweck betrachtet und ihn geleitet, doch die Fertigstellung des monumentalsten Bauwerks Schwedens erlebte er nicht mehr. Dabei war der Traum, eine Verbindung über Land zwischen Nord- und Ostsee herzustellen, schon jahrhundertealt. Bereits in der Vasa-Dynastie (16./17. Jahrhundert) gab es Pläne, die beiden Meere zu militärischen Zwecken miteinander zu verbinden. Erst König Karl Johan realisierte den Bau, das Resultat der mühevollen Arbeit von 60 000 Soldaten und eine architektonische Meisterleistung von Platens: Der Götakanal ist 560 Kilometer lang, 87 Kilometer davon sind Kanäle. Mit 65 Schleusen werden 91,5 Meter Höhenunterschied bewältigt.

Die »schönste Kreuzfahrt über Land« nennen sie jene, die die Fahrt zwischen Göteborg und Stockholm schon erlebten. Eigens für den Kanal gebaute Dampfer tuckern durch die schmale Fahrrinne, wie die 125 Jahre alte M/S Juno. Vier bis sechs Tage sind maximal 58 Kreuzfahrer in diesem schwimmenden Romantikhotel unterwegs, und statt einsamer Buchten und endloser Karibikstrände mit Captain's Lunch gibt's im Programm während der Passage der Schleusen Ausflüge zu Kraftwerken und Sehenswürdigkeiten. Allein zwischen Sjötorp am Ostufer des Vänersees und dem Vikensee werden durch zwanzig Schleusen 47 Höhenmeter überwunden. Schleusenfanatiker kommen auf ihre Kosten, für die anderen könnte es nach der dritten Wasserung langweilig werden, da bringt der Landgang dann schon mehr Spaß. In Motala zum Beispiel ist von Platen begraben, und ein Kanal- und Seefahrtsmuseum verdeutlicht eindrucksvoll, dass vor allem die Arbeiter seinerzeit geradezu übermenschliche Kraftanstrengungen bewältigten.

Mit der maximalen Geschwindigkeit von 5 Knoten werden auch weiterhin Schleusen angesteuert, Seen durchfahren, Dörfer

und Landschaften passiert, und hier und da hält das Schiff für einen Landgang. Söderköping reizt mit engen Gassen und alten Holzhäusern, die noch aus der Zeit der deutschen Hanse stammen. Damals blühte der Ort als einer der wichtigsten Handelsplätze an der Ostsee. Weiter durch die Ostsee und den Mälarsee ist am Ende des vierten Tages Stockholm in Sicht. Wer mit dem eigenen oder gemieteten Boot unterwegs ist, kann das ganze natürlich noch viel gemütlicher gestalten. Und wer noch auf der Suche nach der passenden Hochzeitsreise ist, der kann ja die Hochzeitssuite auf der M/S Juno buchen – mit dem einzigen Doppelbett an Bord.

Schatzsuche auf Gotland

Es könnte problematisch werden, Gotland mit einem ein- oder zweitägigen Aufenthalt in einen Schweden-Urlaub einzuplanen. Wer einmal dort war, wird nur schwer wieder Abschied nehmen – vielleicht auch, weil er sich als Schatzsucher niederlassen möchte ...

Schon die in Nordeuropa einzigartige Ringmauer um Visby, dreieinhalb Kilometer lang mit 44 Türmen, verdeutlicht, dass es hier einmal etwas zu verteidigen gegeben haben muss. Denn zu Zeiten der Wikinger, aber auch später in der Hanse war die Insel ein wichtiger Handelsplatz. Die Geschäfte der Gotländer gingen gut, und so mussten sie sich häufig gegen Angreifer verteidigen. Also vergruben sie ihr Hab und Gut, Münzen in Hülle und Fülle, einfach in der Erde. Da Schlachten zuweilen für Verteidiger wie Angreifer tödlich endeten, schlummert noch heute so mancher Schatz in der Erde. Aber auch ohne Spaten und Hacke lassen sich auf Gotland Schätze finden: landschaftliche Reize in den rund fünfzig Naturschutzgebieten. Darüber hinaus sorgt das fast mediterrane Klima für eine ungewöhnliche Flora.

Der Götakanal ist 560 Kilometer lang. 65 Schleusen überwinden den Höhenunterschied von 91,5 Metern, der zwischen Göteborg und Stockholm liegt.

Ölands Wahrzeichen: Jede der rund vierhundert Windmühlen steht unter Denkmalschutz.

Und Bullerbü gibt es doch! Astrid Lindgren beschrieb in ihren Erfolgsromanen ihre wunderbare Heimat sehr genau. Die malerische Landschaft rund um Orte wie Sevedstorp diente als authentische Kulisse für die Verfilmungen der »Kinder aus Bullerbü« oder »Immer dieser Michel«.

Im Land der Trolle. Bei Laxå sollte man unbedingt die E 20 verlassen, um bei Askersund auf eine der schönsten Straßen des Landes zu stoßen, nämlich die R 49 entlang dem *Vättersee*. Geologisch betrachtet liegt der See in einer langen Senke, und so bietet die westliche Uferstraße durch den Nationalpark Tiveden ein ständiges variantenreiches Auf und Ab durch dichte Nadelwälder und weite Moorlandschaften. Die Eiszeit hinterließ hier gewaltige Findlinge; aber Vorsicht: Sie dienen schon sehr, sehr lange den merkwürdigsten und schelmischsten Trollen als geheimer Unterschlupf. Hinter *Karlsborg*, wo eine Festung aus dem 19. Jahrhundert über die Stadt wacht, mündet der Götakanal in den Vättersee. Auf der R 195 geht es am Wasser entlang nach *Jönköping*, der malerischen Kleinstadt am südlichen Ende des Vättersees. Mitte des vergangenen Jahrhunderts hatte J. E. Lundström eine zündende Idee: Er erfand das Sicherheitsstreichholz, und wen wundert's, dass die Holzindustrie im Land gleich Feuer und Flamme war. Auf der Weltausstellung im Jahr 1855 trat das Zündholz dann seinen Siegeszug um den Globus an.

Die »schwedische Riviera«. Während der Fahrt durch die Provinz Halland ruft die See. Mit dem Titel »schwedische Riviera« lockt die Küste zwischen Helsingborg und Göteborg vor allem Familien mit Kindern, die an den langen Sandstränden und dem flach abfallenden Wasser ideale Bademöglichkeiten finden. *Halmstad*, das Zentrum Hallands, entwickelte sich vom Handelsstädtchen zu einem florierenden Touristenort. Von hier aus lassen sich herrliche Wanderungen in die umliegenden Wälder organisieren – Rucksack nicht vergessen, denn im Sommer gibt's in dieser Gegend Beeren, und im Herbst locken die Pilze! An der Küste entlang und vorbei an dem beliebten Mellby Strand sollte man hinter Ängelholm zur Halbinsel Kullen (heißt

übersetzt »Hügel«) mit dem 117 Meter hohen Kullaberg bei Mölle abbiegen. Die Brandung hat das Ufer ausgewaschen und daraus eine wildromantische Felsenküste geschaffen.

Eine wichtige Nahtstelle. Hier beginnt der *Øresund*, der sich zwischen Helsingør in Dänemark und *Helsingborg* auf nur knapp 5 Kilometer verengt. Dänen und Schweden lieferten sich im Lauf der Geschichte heiße Schlachten um Helsingborg.

Rund 100 000 Einwohner leben hier heute vorwiegend vom Hafen und dem kleinen Grenzverkehr mit Dänemark. Dieser funktionierte über Jahrhunderte ausschließlich mit Schiffen, aber seit der Jahrtausendwende führt eine insgesamt 16 Kilometer lange Strecke, davon 7,8 Kilometer Brücke, 4 Kilometer Tunnel und gleichfalls 4 Kilometer auf der künstlichen Insel »Pfefferholm«, von Kopenhagen nach Malmö. Der Weg über den Øresund dauert so gerade noch zehn Minuten.

Durch die Erzählung von Kurt Tucholsky wurde Schloss Gripsholm weltberühmt links;
Anziehungspunkt für Wasserratten: Mölle auf der Halbinsel Kullen. Mitte
Der sehenswerte Hedmanskagården von Malmö, in dessen Innenhof die Ausstellung des Form Design Centers zu sehen ist unten
Stockholm vom Heißluftballon aus fotografiert. oben.

Planen und erleben …

Wogende Kornfelder prägen das Landschaftsbild auf Öland. oben
Die Silhouette von Visby mit den Türmen von St. Marien. Mitte
Stockholm: Parade im Innenhof des Schlosses. unten
Im malerischen Mariefred, am Mälarsee gelegen, wohnte 1929 Kurt Tucholsky. rechts

DIE HIGHLIGHTS

Öland

Warm, hell, frisch – diese drei Adjektive machten Öland zum beliebtesten Ferienziel der Schweden. Denen, die das fast 140 Kilometer lange und nur 4 bis 16 Kilometer breite Eiland bereits kennen, geht Erholung an den Stränden der Ostküste über alles, die Neulinge werden sich zunächst einmal auf Erkundungstour machen und dabei auch auf Eketorp im Süden stoßen. Es ist eine rekonstruierte Fluchtburg, deren Anfänge auf das 3. Jahrhundert zurückgehen. Öland muss schon damals gut besiedelt gewesen sein, denn insgesamt gibt es 16 solcher Wohnstätten aus frühen Tagen. Auch König Johan III. fand im 16. Jahrhundert Gefallen an der flachen Insel und ließ ein Schloss bei Borgholm bauen. 1806 brannte es allerdings völlig aus, und von dem Schloss von Borgholm steht heute nur noch eine beeindruckende Ruine.

»Glasreich« Småland

Nybro, Lindshammar, Kosta sind nur drei von vielen Synonymen für das alte Glasbläser-Handwerk im Südosten, das die Provinz Småland berühmt gemacht hat.
Rund zwanzig dieser Glashütten sind erhalten geblieben und machen vor allem in den Sommermonaten guten Umsatz. Dann öffnet auch der Meister in Skruv seine Pforten und zeigt allen, die es wissen wollen, seine Kunst: Skruv, ganz im Süden gelegen, ist der königliche Glas-Hoflieferant und hat einige der bekanntesten Glasdesigner im Sortiment. Wer Glas liebt, wird hier sicher ein Schnäppchen machen können.
Und wer Musik liebt, sollte in der letzten Juli-Woche die Provinz besuchen, denn dann wird in den Hütten statt Glas unter anderem die Trompete geblasen. »Musik im Glasreich« heißt dieses traditionelle Musikfestival.

Vimmerby und Astrid Lindgren

Astrid Anna Emilia Lindgren verzückte Kinderherzen. »Die Kinder aus Bullerbü«, »Karlsson auf dem Dach« und natürlich »Pippi Langstrumpf« sind nur einige von siebzig Büchern, die in mehr als vierzig Sprachen rund um die Welt gingen. Wen immer schon die heile Welt des Michel aus Lönneberga interessierte, der muss Vimmerby und seine Umgebung besuchen. Neben dem Lindgren-Theater, das hier ständig geboten wird, bekommt man an den Filmschauplätzen in Sevedstorp und Gibberyd einen nachhaltigen Beweis dafür, dass Astrid Lindgren in ihren Büchern ihre schöne Heimat beschrieben hat.

Schloss Gripsholm

Kurt Tucholsky machte das Schloss, das heute im Staatsbesitz ist, in seiner Erzählung weltberühmt. Tatsächlich ist das monumentale Bauwerk einen Besuch wert, auch wenn dabei der deutsche Schriftsteller eher in den Hintergrund rückt. Kunst, vor allem Malerei, steht im Mittelpunkt einer Führung durch die Räume, die zum Teil noch mit altem Mobiliar ausgestattet sind. So zählt die Porträtsammlung der knapp 3000 abgebildeten Damen und Herren von Welt zu den bedeutendsten in Europa. Daneben gibt es auch Werke von Lucas Cranach d. Ä. zu sehen, einem der großen Meister der Renaissancemalerei. Wer sich mehr für Grafiken

Wasserparadies Südschweden

Egal ob auf dem Götakanal oder auf einem Fluss, ob im offenen Meer oder auf einem der vielen Seen – Schweden zu Wasser hat seine ganz eigenen Reize. Dabei braucht man erst für ein Boot, das länger als 12 Meter und breiter als 4 Meter ist, einen Bootsführerschein. Auch einen Segelschein muss man nicht unbedingt besitzen, um Freizeitkapitän zu werden. Schon ab 1500 Mark kann man sich ein Boot für den Götakanal mieten. Segler sollten allerdings ihr Handwerk verstehen, denn die vielen Schären, die Inseln, lassen den Segeltörn zu einem wahrhaft abwechslungsreichen Abenteuer werden. Eine Kanutour auf einem der vielen paradiesischen Seen ist dagegen weit weniger problematisch. Kreuz und quer durch unberührte Natur paddelt man. Verschiedene Routen kann man sich auf aktuellen Seekarten ausarbeiten lassen. Man sollte bei seiner Planung beachten, dass einige Küstengebiete militärisches Sperrgebiet sind. Das Leben unter freiem Himmel ist für die ganze Familie spannend, von der Planung bis zur Versorgung mit selbst geangeltem Fisch.

interessiert, muss ins Gafikenshus, ein Nebengebäude, in dem neuzeitliche Werke ausgestellt sind.

Malmö

Es wäre schade, Malmö nach der Fährüberfahrt links liegen zu lassen, um gleich auf die Suche nach Schwedens natürlichen Reizen zu gehen. Vor allem die Altstadt hat es in sich: Sie ist umgeben von Kanälen, die in etwa den ursprünglichen Befestigungswällen entsprechen. Hier stehen auch das Rathaus, das im 16. Jahrhundert im Renaissancestil gebaut wurde, und das älteste Bauwerk der Stadt, die St.-Petri-Kirche aus dem 14. Jahrhundert. Sie ähnelt sehr der Marienkirche in Lübeck, was auf den großen Einfluss der hanseatischen Kaufleute im Mittelalter zurückzuführen ist. Etwas westlich der Altstadt liegt Slottsstaden, das Schloss aus dem 16. Jahrhundert, in dem heute ein Museum untergebracht ist. Während einer Bootsfahrt mit der »Rundan« oder der Fahrt mit einem Tretboot kann man die Innenstadt vom Wasser aus sehen.

TIPPS FÜR UNTERWEGS

Essen und Trinken

Einen fachmännisch hergerichteten Elchbraten oder ein schmackhaftes Rentierragout sollte man schon mal probiert haben, auch wenn es Tierliebhabern vielleicht weniger zusagen wird. Und natürlich steht Fisch auf jeder Speisekarte, besonders Lachs, Aal und je nach Saison auch Krebse. Das »Smörgasbord«, zuweilen auch um warme Speisen erweitert, nennt man bei uns wohl kaltes Büfett. In Småland ist die »ostkaka«, ein leckerer Käsekuchen, die Spezialität schlechthin, und wer's deftig mag, der entscheidet sich für das Gericht mit dem lustigen Namen »pytt i panna«, ein Kartoffelgericht aus der Pfanne.

Ferienhäuser

Es gibt mehr als 700 000 davon, und dennoch kann es zu einem Problem werden, die richtige »stuga«, also sein Ferienhaus, aufzuspüren. Nahezu aussichtslos ist es, im Sommer aufs Geratewohl auf die Suche zu gehen, denn dann sind die Hütten von Schweden und zahllosen Deutschen belegt. Außerhalb der Saison lässt sich jedoch immer die passende »stuga« finden.

Das ganze Jahr über ist es aber besser, entweder über einen der Ferienhausanbieter im Reisebüro zu mieten, oder sich an die Tourismuszentralen der Provinzen zu wenden.

Entfernungen

km		
km	**Trelleborg**	1460
	118 km	
118	**Kristianstad**	1342
	179 km	
297	**Kalmar**	1163
	91 km	
388	**Byxelkrok**	1072
	105 km	
493	**Vimmerby**	967
	151 km	
644	**Norrköping**	816
	146 km	
790	**Stockholm**	670
	177 km	
967	**Örebro**	493
	208 km	
1175	**Jönköping**	285
	153 km	
1328	**Halmstad**	132
	132 km	
1460	**Malmö**	km

Im »Glasreich«, der Glasfabrik in Kosta, kann man den Glasbläsern über die Schulter sehen. unten

Schiffssetzung bei Kåseberga. links unten

Schwedisches Idyll bei Växjö. links Mitte

Ringnes
Ringnes

Route 7
Von Oslo bis Helsinki

Es sind keine Millionenstädte: Kopenhagen und Oslo, Stockholm und Helsinki, und im Konzert der europäischen Metropolen spielen sie eher die zweite Geige. Doch das tut dem Selbstbewusstsein, der Energie und Lebensfreude dieser Hauptstädte des Nordens keinen Abbruch.

Beliebter Treffpunkt für Jung und Alt: der Hafen von Oslo.

Metropolen des Nordens

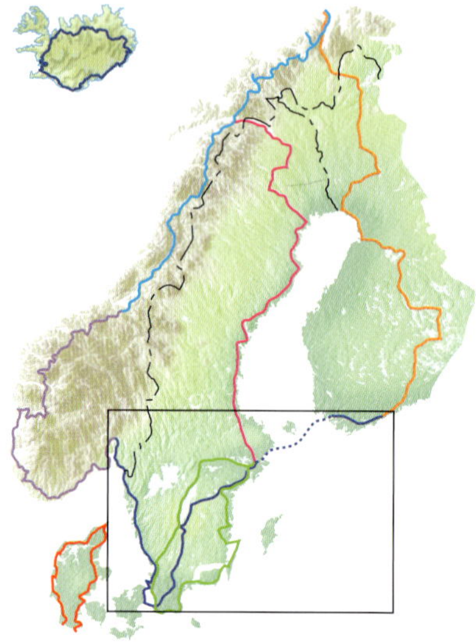

Um Größe und Gewicht der vier skandinavischen Großstädte zu untermauern, spricht man gern in Proportionen: Jeder vierte Däne lebt in Kopenhagen, jeder sechste Norweger wohnt in Oslo, in Schweden und Finnland sieht es ähnlich aus. Die Menschen sind stolz auf ihre Städte, die im Sommer südländisches Flair verbreiten. Von wegen nordisch unterkühlt – das ist allenfalls der Aquavit.

Zu Oslos Rathaus gibt es nur zwei Meinungen: Man mag es, oder man mag es nicht. Eher unfreiwillig machte der mächtige Klinkerbau von sich reden, als ein Sportflugzeug zwischen den beiden Türmen durchflog. Ergebnis einer bierseligen Wette.

Samstag Nacht in *Oslo*. Die Theatervorstellung ist vorüber, ein Schauspiel beginnt. Ein Taxistand vor dem Nationaltheater. Leute warten. Norweger sind Künstler im Anstehen. Ohne einen Mucks würde ein Norweger stundenlang vor einem Theater ausharren oder eben die halbe Nacht auf eine Droschke warten. Am Wochenende haben Taxen Konjunktur: Wer ausgeht, trinkt schon mal ein Bier mehr in einem der Pubs mit reichlich Jazz und Folk live. Oder man räumt gerade, zur Zeit der Mittsommernacht morgens um vier, das Straßencafé.

Oslo-Stadt, das ist die Karl Johansgate, die Flaniermeile zwischen Schloss und Hafen. Kennt man sie, kennt man Oslos Kern. Gemütliche, dem Wetter trotzende Passagen sind entstanden, wie die Aker Brygge, gelungenes Beispiel für die Wandlung einer ehemaligen Werft in eine moderne Shoppingmall. Oslo-Stadt, das ist aber auch reine Natur: Wald, Seen, Berge, denn der geographische Mittelpunkt Oslos liegt irgendwo weit draußen, mitten im Wald, in Oslos Marka, dem grünen Gürtel, dem einzigartigen Naturpark rund um die City mit ihren 450 000 Einwohnern.

Schanze mit Ausblick. Hier ragt auch Oslos Wahrzeichen gen Himmel, der Holmenkollen. Keine andere Skisprungschanze der Welt liegt so exponiert und imponiert so sehr durch den phantastischen Blick über Stadt und Land. Norwegen ist eine Ski-Nation, die Wörter Ski und Slalom stammen aus dem Norwegischen, und so ist ab November halb Oslo mit Langlaufskiern in der Marka. Im Sommer wird gewandert, und auch der 1863 nahe Oslo geborene Maler und Grafiker Edvard Munch liebte diese Gegend. Ein Besuch der Nationalgalerie, in der seine bedeutendsten Werke ausgestellt sind, ist wirklich ein Muss. Genauso wie der Besuch des Grand-Cafés, jenem altehrwürdigen Bau mitten in der Stadt.

Uralte Felszeichnungen. Fährt man auf der E 6 Richtung Süden am Oslo-Fjord entlang, gelangt man dorthin, wo der sanfte Fjord breiter wird und wo der Skagerrak beginnt. Hier liegt *Fredrikstad* mit seiner aus Schutzwällen und Bastionen bestehenden Altstadt. Die sehenswerte Festung ist Resultat der ständigen kriegerischen Auseinandersetzungen zwischen Norwegern und Schweden im 16. und 17. Jahrhundert. Dass diese Küstenregion auch schon vor 3000 Jahren beliebtes Siedlungsgebiet war, beweisen Felszeichnungen am Oldtidsveien, der Straße 110 zwischen Fredrikstad und Skjeberg.

Wenn Stockholm alljährlich sein Vasa-Festival mit Kultur und Rummel feiert, steht die Stadt Kopf.

Oslo: Im Frognerpark stehen insgesamt 650 Skulpturen von Gustav Viegeland. oben Norwegens Parlament, der Storting. Mitte Amts- und Wohnsitz der dänischen Königin: Schloss Amalienburg in Kopenhagen. unten

»Ich schaue in den Sonnenuntergang, der in dieser Jahreszeit drei Stunden dauert. Als habe die Sonne zum Abschied doch noch die Qualität der Welt entdeckt, die sie nur widerstrebend Abschied nehmen lässt.«

Peter Høeg, Fräulein Smillas Gespür für Schnee, 1996

Fische und Segelboote. Hinter der Grenze beginnt die Schärenküste von Bohuslän, eine beliebte Ferienregion – vor allem für Segelsportler – mit vielen romantischen Orten; *Fjällbacka* zum Beispiel, dessen Wahrzeichen, die roten Hafenschuppen, schon zweihundert Jahre zählen. Oder *Smögen* auf der Halbinsel westlich des Åbyfjords, wo die frischesten und besten Garnelen weit und breit serviert werden.

Eine der Stockholmer Inseln: Idylle nahe der Großstadt. oben
Helsinki: Eisbrecher oder doch Fähre? Die »Cinderella« der Viking Line läuft aus. Mitte
Der Käringssund bei Eckerö: Die Åland-Inseln sind (fast) noch ein Geheimtipp. unten

Neben dem Tourismus ist der Fischfang auch heute noch die wichtigste Erwerbsquelle der Menschen.

Junge Hafenstadt. *Göteborg*, der größte Hafen Schwedens, wurde erst Anfang des 17. Jahrhunderts gegründet und hat daher wenige alte Bauwerke. Der Slottskogen, der Schlossgarten, bietet eine herrliche Flora und Fauna und vom Aussichtsturm einen faszinierenden Rundblick – fast bis ins südlich gelegene *Varberg*, gut 70 Kilometer entfernt. Die Festung Varbergs aus dem 13. Jahrhundert ist ein gutes Ausflugsziel für alle, die in Halland, der »schwedischen Riviera« zwischen Göteborg und Helsingborg, Urlaub machen. Viele Feriengäste kommen zur Stippvisite aus Dänemark herüber – es ist ja nur ein Katzensprung von Helsingborg nach Helsingør.

In Göteborgs Hafen herrscht reger Schiffsverkehr. Die meisten reisen aber mit der Fähre an und nicht mit prächtigen Segelschiffen. oben
Der Svinesund bildet die Grenze zwischen Norwegen und Schweden. Mitte
Lohnenswert: Smögen. unten

Die Ruhe selbst. *Kopenhagen*, die Einheimischen sagen København, heißt zu deutsch »Hafen der Kaufleute«. Es wurde im Zweiten Weltkrieg nicht zerstört. Der Hafen auf einer Länge von 40 Kilometern konnte sich demnach ständig weiterentwickeln und ist zum Aushängeschild der dänischen Hauptstadt geworden. Schon bei der Gründung der Stadt im 12. Jahrhundert erkannte Bischof Absalon die wichtige strategische und wirtschaftliche Lage der Siedlung am Øresund. Seit die Storebælt-Brücke zwischen Fyn und der Kopenhagen-Insel Sjælland im Jahr 1998 eingeweiht wurde, gehört Kopenhagen praktisch zum europäischen Festland.
Wer die Stadttore passiert hat, sollte sein Auto abstellen und auf ein kostenloses City-Fahrrad umsteigen. Das Pfand von zwanzig Kronen erhält man nach Abgabe des Fahrrads wieder zurück. So lassen sich Stadt und Menschen am besten erleben, denn ihre Stadt, sagen die Kopenhagener, sei die Ruhe selbst. Die Dänen vermeiden, so gut es geht, stressige Situationen, und wenn es einmal das Leben nicht ganz so gut meint, dann hilft einem das sprichwörtliche »grünblaue« Kopenhagen wieder auf die Beine. Im Halbkreis liegen nämlich Parks und Seen rund um die Stadt, mehr als ein Naherholungsgebiet – diese grüne Lunge und das maritime Ambiente Kopenhagens sind die Luft zum Atmen, die hier irgendwie freundlicher schmeckt als andernorts. Ein liebenswertes Land eben, und die Anhänger der Monarchie führen diese Tatsache auch auf die überaus volksnahe und unumstrittene Königin Margarethe II. zurück. Sie repräsentiert seit 1972 das älteste Königreich der Welt, zu dem zur Zeit König Christians IV. im 17. Jahrhundert noch Norwegen und halb Schweden gehörte. Er war es auch, der als Baumeister Oslo und Kristiansand gründete und der Siedlung Kopenhagen mit dem Schloss Rosenborg, dem Runden Turm und der Börse mit ihrem Drachenturm Glanz verlieh.

Eine Strecke voller Geschichte. Die Fähre nach Malmö war nicht sehr preiswert und wurde im Jahr 2000 durch die Øresundbrücke vollständig überflüssig. Von der schwedischen Hafenstadt Malmö, der Hauptstadt der Provinz Skåne, führt die E 22 nach *Lund*, einst dänisches Hoheits-

Alkohol
Ist Alkohol in Skandinavien durch die strengen Gesetze erst zum Problem geworden? Oder war es ein Problem, das man durch staatliche Regelungen in den Griff bekommen hat? Die Gesetze sind in den vergangenen Jahren ein bisschen gelockert, die Preise etwas gesenkt worden. Aber nach wie vor gibt es (außer Bier) Alkohol nur in staatlich kontrollierten Geschäften. In den Restaurants steht Wein inzwischen auf allen Speisekarten – zu erschwinglichen Preisen. Hochprozentiges dagegen ist nach wie vor teuer, genauso wie Bier in der Kneipe. Also hat sich die Zeitung »Natt&Dag« in Oslo etwas einfallen lassen: Im »Ibarometer« wird täglich der aktuelle Preis des Gerstensafts in den Kneipen abgedrukkt. So kostet der halbe Liter im »Elvis Kafé« nur 25 Kronen (2,75 Euro), während »Horgan's Bierpub« 57 Kronen (6,30 Euro) verlangt. Deswegen braucht jeder Oslo-Reisende das »Ibarometer« so nötig wie ein Hotelbett ...

gebiet. Davon zeugt auch die älteste romanische Kirche Schwedens, der Dom, um das Jahr 1020 vom Dänenkönig Knut dem Heiligen erbaut. Wer die Regionen Småland und Östergötland erkunden will, sollte von Lund aus auf Seitenstraßen über die Provinzhauptstadt *Växjö* Richtung Norden fahren. Hier kann man das Småland-Museum besuchen, in dem eine beachtenswerte Sammlung ausländischer, aber vor allem schwedischer Glasbläser-Kunst ausgestellt ist.

Die »Pfahl-Insel«. Bei Linköping stößt man auf die E 4, und von dort ist man bald in der schwedischen Hauptstadt. Eilige benutzen hinter Lund gleich die E 4, die Hauptverkehrsstraße zwischen dem Süden Schwedens und Stockholm. Über Jönköping und Norrköping verläuft die E 4 direkt auf die »Pfahl-Insel«, denn das bedeutet »*Stockholm*«: eine Stadt, erbaut auf Inseln und Halbinseln in der Mün-

Die barocke Rundkuppel der Frederikskirke gilt als drittgrößte der Welt. oben
Der Vergnügungspark Tivoli ist über 150 Jahre alt. Mitte
Der frühere Fischmarkt Amagertorv ist heute ein beliebter Treffpunkt der Kopenhagener. Hier befindet sich auch die Königliche Porzellanmanufaktur. unten
Kopenhagen: Nyhavn, ältester Hafenbereich der Stadt. links

dung des Mälarsees. Diese einzige Zufahrt zum wirtschaftlich wichtigen Mälargebiet (Eisenerze) war es denn auch, die dem Ort schon im Mittelalter Wachstum bescherte. Maßgeblichen Anteil daran hatten auch die Kaufleute der deutschen Hanse, deren Vertreter sogar zeitweilig im Magistrat der Stadt saßen.

Weltoffen und modern, so sagen die einen, sauber bis zur Langeweile, so das Urteil anderer Schweden über ihre Hauptstadt. Einig sind sich alle, dass Freizeitangebot und Aktionsradius kaum zu überbieten sind. Um das zu erfahren, braucht man nur etwas Schwedisch, zum Beispiel »Gamla Stan«, »Södermalm«, »Stureplan« und »Mälaren«. Gamla Stan, die Altstadt, beherbergt alles Sehenswerte; Södermalm ist der Stadtteil mit den trendigsten Pubs und Bars; am Stureplan gibt es die besten Restaurants und Nachtclubs, und auf dem Mälarsee holt man sich badend und Boot fahrend eine rote Nase oder im Winter mit Langlaufskiern auf dem Eis rote Backen. Stockholm hat immer Saison. Die Natur – viel Wasser, riesige Parks, grüne Wälder und sanfte Hügel – lockt mit unendlichen Möglichkeiten.

Eis auf dem Haussee. Auch im Winter hat der Mälarsee einen ganz eigenen Reiz: Wenn es kräftig kalt ist und absolute Windstille herrscht, verwandelt sich Stockholms Haussee in blankes Eis, auf dem der Schlittschuh (fast) von allein läuft. Die Sonne steht tief, spiegelt sich im glasklaren Eis und taucht die alten Häuserfassa-

Felder und Wiesen prägen die Landschaft um Jönköping. oben
Kirche südlich von Vadstena am Vättersee. Mitte
In Dänemark darf auf Festen der Volkstanz nicht fehlen. unten
Stockholmer Ausblicke. rechts

den in ein seltsam milchiges Licht; ein verträumtes Bild, das am schönsten vom Turm des Stadshuset auf der Königsinsel zu erleben ist. Mit 106 Metern Höhe ragt der Backstein-Tower über die Dächer der Stadt, und natürlich liegt zu seinen Füßen Wasser.

Kopfsteinpflaster und Theater. Ein Spaziergang auf dem Kopfsteinpflaster der engen Altstadtgassen führt zurück ins Mittelalter. In der kalten Jahreszeit scheint die Stadt mit gut 600 000 Einwohnern in Winterschlaf zu verfallen. Aber in Södermalm und am Stureplan bricht am Abend das Eis, und im Sommer hält die Szene nächtelang die Stellung. Siebzig Musik- und Theaterbühnen, sechzig Museen und Kunsthandwerker an jeder Straßenecke – garantiert kommt man mit den Leuten ins Gespräch, so dass zu den vier Wörtern der ersten Stockholmer Lektion noch ein paar hinzukommen dürften. »Tunnelbana« vielleicht. So heißt die U-Bahn, oder besser: die längste Galerie der Welt. In den fünfziger Jahren hatten die Stadtväter eine Idee: Die in Felsen gesprengten U-Bahn-Stationen wurden von Künstlern gestaltet. So strahlen siebzig von hundert Haltestellen der U-Bahn in prächtigen Farben, interessante Lichtspiele und Skulpturen aus Fels sind entstanden. In der Tunnelbana ist der Weg das Ziel.

In der Stille der Schären. Von Stockholm, dem »Wohnplatz am See«, geht es mit der Fähre zum »Wohnplatz am Fluss«, *Turku* in Finnland. Hier mündet der Aurajoki, der die Stadt in zwei Hälften teilt, in die Ostsee. 5 Prozent der Schweden und 10 Prozent der Finnen sprechen in Turku schwedisch, denn die Stadt liegt, wo schwedische Eindringlinge ihren Fuß auf finnischen Boden setzten. Irgendwie lebt die Vergangenheit bis heute weiter, denn Turku hat neben der finnischen noch immer eine schwedische Universität. Viele Touristen kommen hier an, bleiben einen Nachmittag in der mit 160 000 Einwohnern drittgrößten Stadt Finnlands, besuchen die Burg aus dem 13. Jahrhundert und fahren weiter – auf dem Weg nach Norden und in den Osten des Landes.

Ein Abstecher in den herrlichen Schärengürtel lohnt sich. Eine 300 Meter lange Hängebrücke und einige Fähren führen nach *Parainen*, in die Abgeschiedenheit und Stille des Südwestschären-Nationalparks mit

Fortsetzung Seite 142

Ein typisches Vasa-Schloss ist in Vadstena zu bewundern. oben
Das königliche Flaggschiff »Vasa« sank 1628 auf seiner Jungfernfahrt und wurde im Stockholmer Vasa-Museum in mühevoller Kleinarbeit zusammengebaut. Mitte
Stockholmer Ausblicke. links
Kaufmannshäuser: Stortorget in der Gamla Stan. unten

Blick auf Stockholms Altstadt, die »Gamla Stan«, mit der Tyska kirkan (links) und der Riddarholmskyrkan (rechts).

Schweden oder Finnland?

Sie sprechen schwedisch, sind aber stolz auf ihre Unabhängigkeit. Sie gehören zu Finnland, aber ihre Autonomie ist unbestritten. Sie sind ein Archipel von 6500 Inseln in der Ostsee, im Süden des Bottnischen Meerbusens gelegen, irgendwo zwischen den beiden Ländern: Die Åland-Inseln liegen im Dornröschenschlaf, und nicht nur deshalb sind sie ein Geheimtipp.

Mariehamn ist die einzige Stadt der Inselgruppe, die meisten der insgesamt nur 24 000 Åländer wohnen hier, der Rest verteilt sich auf ein paar Dutzend anderer Inseln. Das Archipel ist also menschenleer, unberührt und einsam, bietet genügend Platz für Hobby-Abenteurer. Vor allem die Freizeit-Kapitäne finden ihren Weg in das Atoll, denn die vielen Eilande mit Traumbuchten und -stränden haben sich unter den Seglern inzwischen herumgesprochen. Wenn sich im Sommer ein stabiles Hoch etabliert hat, sind ganze Armadas von Zweimastern aus Kiel, Lübeck und Travemünde mit Kurs auf die Åland-Inseln unterwegs ...

Die Großsegler vergangener Tage hatten freilich andere Absichten. Wegen ihrer strategisch wichtigen Lage wurde die Inselgruppe Anfang des 19. Jahrhunderts von den Russen zum »Gibraltar des Nordens« ausgebaut. Eine englisch-französische Flotte machte im Jahr 1854 den russischen Expansionsbestrebungen im Krimkrieg ein jähes Ende; die Ruinen der Festung Bomarsund sind noch heute ein stiller Zeuge. Auch im Ålands Museum in Mariehamn kann man sich ein umfassendes Bild von der bewegten Vergangenheit der Inseln machen. Die Kleinstadt mit ihren 11 000 Einwohnern reizt aber mehr durch ihre Lage auf einer Landzunge und die Annehmlichkeiten eines Seebads als durch Sehenswürdigkeiten. Wer keine eigene Yacht zum Küsten- und Klippentörn sein eigen nennt, der sollte die Welt der Inseln mit dem Fahrrad erkunden, denn die Landschaft ist ein ideales Revier für Straßen- und Offroad-Biker. Und wenn es auf irgendeiner Insel plötzlich nicht mehr weitergeht, dann wartet bestimmt irgendwo in der Nähe eine Fähre – und schon beginnt ein neues Insel-Abenteuer. Diesmal vielleicht verknüpft mit einer beschaulichen Angeltour, denn beim Spinnangeln in den seichten Gewässern beißen Hechte besonders gern.

Im Hafen von Mariehamn liegt einer der letzten Drei-Mast-Segler des Reeders Gustaf Erikson. unten
Kökar, bei Seglern beliebt, liegt eingebettet in die Schärenlandschaft. oben
Den Sommeranfang begrüßt man freudig. rundes Foto
Hier findet jeder Platz zum Baden und Bootfahren. Mitte

Die Kap-hoorniers
»Richtiges Mitglied im Kap-Hoorn-Club wirst du nur«, sagt Henrik Karlsson, »wenn du auf einem Segelschiff das Kap umrundet hast.« Herr Karlsson leitet den Cape Hoorners Club auf den Åland-Inseln. Hundert »richtige« Mitglieder zählt die exklusive Gesellschaft; nirgendwo sonst auf der Welt leben mehr echte Kap-Hoorn-Seebären. Und viele von ihnen fuhren noch auf den Schiffen von Gustaf Erikson, der »Herzogin Cecilie« zum Beispiel oder der »Pamir«, die an die ruhmreiche Zeit der åländischen Seefahrertradition erinnern. Die 34 Großsegler des Gustaf Erikson waren Anfang dieses Jahrhunderts als Handelsschiffe auf den sieben Weltmeeren unterwegs, bis er auf die Idee kam, abenteuerhungrige Touristen auf seinen Booten mitfahren zu lassen. Die Segeltörns waren ein großer Erfolg. Am 10. Juli 1948 umrundete die »Passat« als letzter kommerziell genutzter Großsegler Kap Hoorn.

Erholung in der Natur: Bootfahren in Eckerö links unten, Radeln in Brändö oben, Segeln in Mariehamn unten oder stille Plätze wie hier in Hammarland erkunden links oben.

Naantali nahe Turku hat sich zu einem exklusiven Badeort entwickelt. oben und unten
Turku ist Finnlands älteste Stadt und gleichzeitig ein belebtes, modernes Zentrum. Mitte

41 000 Schären und wunderschönen Sandstränden. Parainen selbst ist berühmt für seine Kalksteinbrüche und die alte Feldsteinkirche mit seltenen Kalkmalereien. Zurück auf der E 18 kann man direkt auf der Europastraße nach Helsinki gelangen, oder man fährt über kleinere Straßen nach *Tammisaari*, wo laut Statistik das mildeste Klima Finnlands herrscht und auch der südlichste Ort des Landes, das Seglerparadies *Hanko*, nicht mehr weit ist. In entgegengesetzter Richtung lässt sich fast schon die Hauptstadt erahnen: Helsinki erwartet uns.

Kulturhauptstadt Europas. Die Stadt ist gar nicht so einfach zu fassen, denn *Helsinki* ist in den vergangenen Jahrzehnten eng mit den Vororten Espoo im Westen und Vantaa im Nordosten verwachsen, aber die beiden Trabantenstädte schränken die Expansionsmöglichkeiten Helsinkis stark ein. In Helsinki-Stadt mit seinen gut 500 000 Einwohnern weiß man trotzdem sehr gut, wer man ist und was man zu bieten hat, und nicht zuletzt deswegen wurde Helsinki exakt zur Jahrtausendwende die Ehre zuteil, die »Kulturhauptstadt Europas« zu sein.

Architektur und Kunst. Das Museum für Gegenwartskunst, Kiasma, ist geprägt von sehr gewagter Architektur, im Innern besticht die Kunsthalle durch die geniale Ausnutzung des natürlichen Lichtes, wovon es im Sommer verschwenderisch viel gibt. Neben Ausstellungen und Theateraufführungen wird hier auch musiziert, und nicht selten hört man die Werke von Johan Julius Christian Sibelius, besser bekannt unter dem Vornamen Jean. Sibelius liebte seine Heimat, von der viele seiner Werke erzählen. Man lausche nur der »Karelia-Suite« oder »Finlandia«. Auf dem Weg in die südlich gelegene Altstadt steht das Sibelius-Denkmal, eine umstrittene Stahl-Skulptur. Ihre Extravaganz passt ins Stadtbild, denn überall trifft man auf architektonische Farbtupfer. Eigene Stadtführungen präsentieren Helsinki aus städtebaulicher Sicht.

In der Finlandia-Halle, die der berühmte finnische Architekt Alvar Aalto mit weißem Carrara-Marmor verkleidete, wurde 1975 die KSZE-Schlussakte unterzeichnet. Auch ein anderes Bauwerk könnte von solch historischen Daten erzählen, nur liegen die in Suomenlinna, in der (zu deutsch) »finnischen Burg«, schon ein paar Jährchen zurück. Zwanzig Minuten dauert die Überfahrt mit der Fähre auf die vorgelagerte Insel, wo die dicken Mauern Mitte des 18. Jahrhunderts errichtet wur-

den, um den Russen die Zufahrt zur Ostsee zu erschweren. Heute ist die Festung, in der Museen über die Vergangenheit informieren, von der UNESCO als Weltkulturerbe geschützt. Und Schutz braucht auch die wunderschöne, aber sensible finnische Landschaft. Deshalb wurde in den vergangenen Jahren von der Regierung in Helsinki die Zahl der Nationalparks im Land auf inzwischen 32 erhöht. Finnland und seine Besucher werden es ihr danken.

Ein Finnland-Urlaub beginnt meist im Fährhafen von Helsinki. oben
Die Säule auf dem Marktplatz erinnert an einen Besuch der Zarin Alexandra. Mitte
Im Freilichtmuseum Seurasaari. unten
Bei schönem Wetter: Treff im Freien. links oben
Auf dem Marktplatz bieten Händler täglich Obst und Gemüse an. großes Bild

Planen und erleben ...

DIE HIGHLIGHTS

Oslo

Der Weg hinaus in die Nordmarka zum Holmenkollen lohnt sich. Der Blick vom Schanzentisch auf Oslo ist herrlich. Rund um die Stadt gibt es 2200 Kilometer gespurte Loipen, davon 200 Kilometer mit Flutlicht. Im Osloer Ski-Museum erfährt man alles über den Wintersport.

Die Lagerhallen der ehemaligen Aker-Werft wurden zu einem belebten und beliebten Einkaufs- und Kulturzentrum umgebaut, der Aker Brygge – eine Shoppingmall der Sonderklasse.

Das Munch-Museum am Botanischen Garten bietet eine umfassende Ausstellung über das gesamte Werk des bedeutendsten norwegischen Malers.

Die Karl Johansgate ist die Hauptgeschäftsstraße von Oslo. Die Flanier- und Einkaufsmeile führt vom Hauptbahnhof zum Königlichen Schloss. (Stadtplan Seite 56.)

Kopenhagen

Das Rosenborg Slot mit seiner verspielten Backsteinfassade wurde 1606 von Christian IV. erbaut. Es war früher als Lustschloss gedacht. Besonders im Frühling, wenn die unzähligen Krokusse blühen, erfreut der Schlosspark das Auge.

Der Vergnügungspark Tivoli liegt mitten in der Stadt. Interessant sind auch die hier veranstalteten hochkarätigen Pop- und Klassik-Konzerte.

Das Nationalmuseum präsentiert die größte kulturhistorische Sammlung Dänemarks auf wunderbar anschauliche Weise.

Das Wahrzeichen der Stadt, die Kleine Meerjungfrau (Lille Havfrue), an der Kaianlage, ist wohl das meistfotografierte Objekt Kopenhagens. Sie ist die Hauptattraktion der Langelinie, der kleinen im 17. Jahrhundert errichteten Holzhäuschen. (Stadtplan Seite 38.)

Stockholm

Die Domkirche wurde 1306 geweiht und Mitte des 18. Jahrhunderts barockisiert. Vor allem die Verzierungen im Innenraum machen die Hochzeits- und Krönungskirche des schwedischen Königshauses sehenswert.

Das Nationalmuseum beherbergt neben Gemälden und Skulpturen auch kunsthandwerkliche Exponate. Eine große Ausstellung moderner, angewandter Kunst rundet die Sammlung ab. Die Gemäldegalerie zeigt bedeutende Werke von holländischen Meistern, unter anderem Rubens, Rembrandt oder Frans Hals d. Ä.

Im Vasa-Museum fand das

Sehen und gesehen werden: Kopenhagens Rådhuspladsen. oben
Smögen an der schwedischen Westküste. Mitte
Treffpunkt der Jugendlichen: der Nyhavn in Kopenhagen. unten
Suomenlinna-Inseln: Blick auf die von Helsinki auslaufenden Fähren. rechts

Hoteltips

Oslo: www.bondeheimen.com
Das Hotel Bondeheimen in einem altehrwürdigen Haus liegt zentral in der Altstadt.
Rosenkrantzgate 8, Tel. 0047/22 42 95 30, Fax 0047/22 41 94 37.

Kopenhagen: www.absalon-hotel.dk
Das Absalon Hotel ist ideal für einen Kurzaufenthalt.
Helgolandsgade 15, Tel. 0045/31 24 22 11, Fax 0045/31 24 34 11.

Stockholm: www.rygerfjord.se
Das M/S Rygerfjord ist ein schwimmendes Hotel in der Nähe der Altstadt. Kajplats 12, Tel./Fax 0046/84 08 30, Fax 0046/84 07 30.

Helsinki: www.sokos-helsinki.de
Das Sokos Hotel gehört zu einer Hotelgruppe, die angenehme Gästehäuser im ganzen Land besitzt.
Mannerheimvägen 45, Tel. 0035/89 13 10 01, Fax 0035/89 13 10 02 22.

berühmte Regalschiff Vasa seine letzte Ruhestätte. Es war noch in seinem Baujahr, 1628, im Hafen gesunken und wurde 1961 gehoben und restauriert. Ein Bummel durch die Altstadt Gamla Stan, wo man beispielsweise den Reichstag, den Stor torget oder das Königliche Schloss besichtigen kann, ist allein schon einen Tag wert. Mit prächtig restaurierten alten Häusern und modernen Geschäften gehört die Altstadt zu den schönsten Erlebnissen einer Stockholm-Visite. (Stadtplan Seite 110.)

Helsinki
Auf dem beeindruckenden Senatsplatz steht ein Bronzestandbild des russischen Zaren und finnischen Großfürsten Alexander II., der die Unabhängigkeit des Landes gefördert hatte.
Im Konzert- und Kongressgebäude Helsinkis, der Finlandia-Halle, wurde 1975 die KSZE-Schlussakte unterzeichnet. Für die Aufführungen der Finnischen Staatsoper muss man langfristig Karten bestel len.
Ende der 1960er-Jahre wurde die unterirdische, überkuppelte Felsenkirche in den Granit gesprengt. Heute wird sie auch für Konzerte genutzt.
Alljährlich von Mai bis November ist im Hafen die finnische Eisbrecherflotte zu besichtigen. (Stadtplan Seite 92.)

TIPPS FÜR UNTERWEGS

Fährverbindungen
Fähren sind lebenswichtige Verkehrsmittel zwischen Skandinavien und dem europäischen Festland. Aber auch zwischen und in den einzelnen Ländern spielen sie eine große Rolle, um Menschen und Straßen miteinander zu verbinden. So verkehren allein in Norwegen über zweihundert Fähren auf Fjorden, und in Schweden und Finnland sind viele Kurzstreckenfähren kostenlos, weil sie als Teil der Straße gelten.

Souvenirs
Mitbringsel aus Dänemark sind vor allem schöner Schmuck aus Bernstein und Silber, beliebt ist aber auch Kunstvolles aus Porzellan.
Norwegen ist natürlich berühmt für seine Pullover mit den wunderbaren Motiven. Ansonsten gibt es vielfältiges Kunsthandwerk, handgearbeitete Keramik oder Antiquitäten.
In Schweden gibt es überall Gegenstände, die im »Glasreich« Småland gefertigt wurden. Gut und preiswert kann man auch Trekking- und Outdoor-Zubehör kaufen.
Finnland hat besonders in der Schmuckfertigung eine große Tradition, aber auch das Kunsthandwerk und die Mode stehen hoch im Kurs zu erschwinglichen Preisen.

Entfernungen

km	Oslo	1687
	88 km	
88	**Fredrikstad**	1599
	98 km	
186	**Fjällbacka**	1501
	129 km	
315	**Göteborg**	1372
	70 km	
385	**Varberg**	1302
	206 km	
591	**Kopenhagen**	1096
	40 km	
631	**Malmö**	1056
	14 km	
645	**Lund**	1042
	172 km	
817	**Växjö**	870
	234 km	
1051	**Linköping**	636
	191 km	
1242	**Stockholm**	445
	280 km	
1522	**Turku**	165
	55 km	
1577	**Salo**	110
	110 km	
1687	**Helsinki**	km

Auf den Åland-Inseln gibt es sogar Fahrradfähren. oben
Zahlreiche Läden und Restaurants locken in der Aker Brygge in Oslo. links oben
Der Kungsträdgården in Stockholm, ein Ruhepol in der Stadt. links unten

Route **8**

Inselrundfahrt durch Island

Vulkane und Gletscher, Lava-Felder und heiße Quellen, Fjorde und Wasserfälle: Die Rundtour durch Island führt in eine andere Welt. Auf eine Insel, die ständig in Bewegung ist – und das schon seit Jahrtausenden.

Gletscher, Vulkane und Geysire machen die Tour rund um die Insel zu einem Abenteuer-Trip.

Land der Gletscher und Vulkane

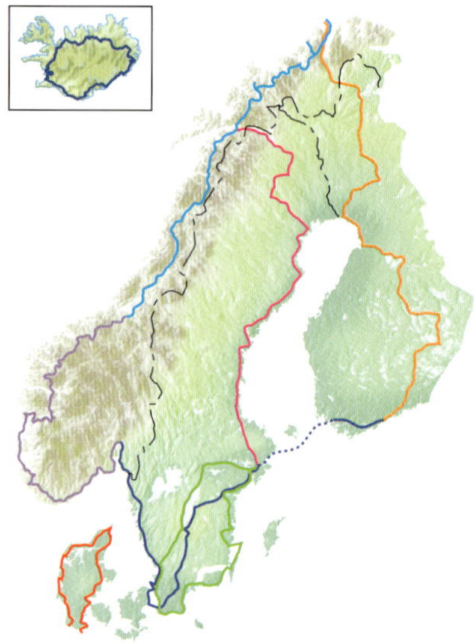

Zwanzig Millionen Jahre ist es her, da tat sich die Erde auf. Island erblickte das Licht der Welt. Damit ist die Insel geologisch das jüngste Land der Erde. Und es versetzt in Staunen: Unbändige Naturgewalten sorgen dafür, dass seine Entstehungsgeschichte noch lange nicht zu Ende ist. Und dass jeder Besucher ein neues, bisher unbekanntes Bild von Mutter Erde mit nach Hause nimmt.

Island-Pferde sind gutmütig und trittsicher. Die Insellage und damit die Abgeschiedenheit kommt der Reinrassigkeit der Vierbeiner zugute.

Wer bei der Wahl seines Fortbewegungsmittels ein wenig anpassungsfähig ist, kann Island richtig und hautnah erleben. Er landet nach drei- bis vierstündigem Flug in Reykjavík, beginnt den Weg mit dem Mietwagen, den er für Hochland-Touren gegen einen geländegängigen Allrad-Offroader eintauscht. Mit einem Schneemobil knattert er über Gletscher, erlebt die Natur auf dem Rücken eines Islandpferdes, kämpft sich im Schlauchboot durch Stromschnellen und tuckert im Fischerboot zur Walbeobachtung. Nicht vergessen: Island per Fahrrad (siehe Seite 156 f.). Je flexibler man sich durch Island bewegt, desto abwechslungsreicher wird die Reise.

In der Rauchbucht, in *Reykjavík*, beginnen alle Wege. Hierher verschlug es den Norweger Ingolfur Arnason 874, und das Erste, was er sah, war der Rauch heißer Quellen – die Geburtsstunde der Hauptstadt der Vulkan- und Geysir-Insel. Heute ist Reykjavík rauchfreie Zone: Alle Häuser werden durch die Erdwärme geheizt, geothermische Energie, und davon hat Island nun wirklich mehr als genug.

Der »goldene« Umweg. Die Ringstraße 1 beginnt in Reykjavík und hört dort auch wieder auf. Sie umrundet die Insel auf einer Länge von 1348 Kilometer. Um jedoch zur meistbesuchten Sehenswürdigkeit der Insel zu gelangen, muss man einen kleinen Umweg, den »Golden Circle«, über die 36 fahren. *Pingvellir* hat in zweifacher Hinsicht Bedeutung: politisch, weil hier 930 der erste Althing, die isländische Volksversammlung, einberufen wurde, und geologisch, weil die tiefen Gräben und Risse ringsum das Spannungsfeld der Insel an den Reibungspunkten der eurasischen und amerikanischen Kontinentalplatte deutlich machen. Der Bruch führt mitten durch die Insel, und die Isländer wissen selbst nicht, ob sie zu Europa oder zu Amerika gehören. Ganz Island ist noch immer Spielball gewaltiger geologischer Kräfte. Im Thermalfeld *Haukadalur* blubbert's und sprudelt's, und mittendrin kocht es über: Der Geysir Strokkur speit pünktlich alle fünf Minuten eine kochend heiße Wasserfontäne 15 Meter hoch in die Luft. Das dritte Spektakel des »Goldenen Kreises« rauscht schon von weitem. *Gullfoss* gehört zu den schönsten Wasserfällen Islands. Auf einer Länge von zweieinhalb Kilometern stürzen die Fluten eines Gletscherflusses über mehrere Kaskaden gut 30 Meter in die Tiefe. Bei dem Ort Sellfoss schließt sich der »Goldene Kreis« wieder, von hier führt die Ringstraße 1 weiter in Richtung Osten.

Alle fünf Minuten ein Ausbruch: der Geysir Strokkur im Thermalfeld von Haukadalur.

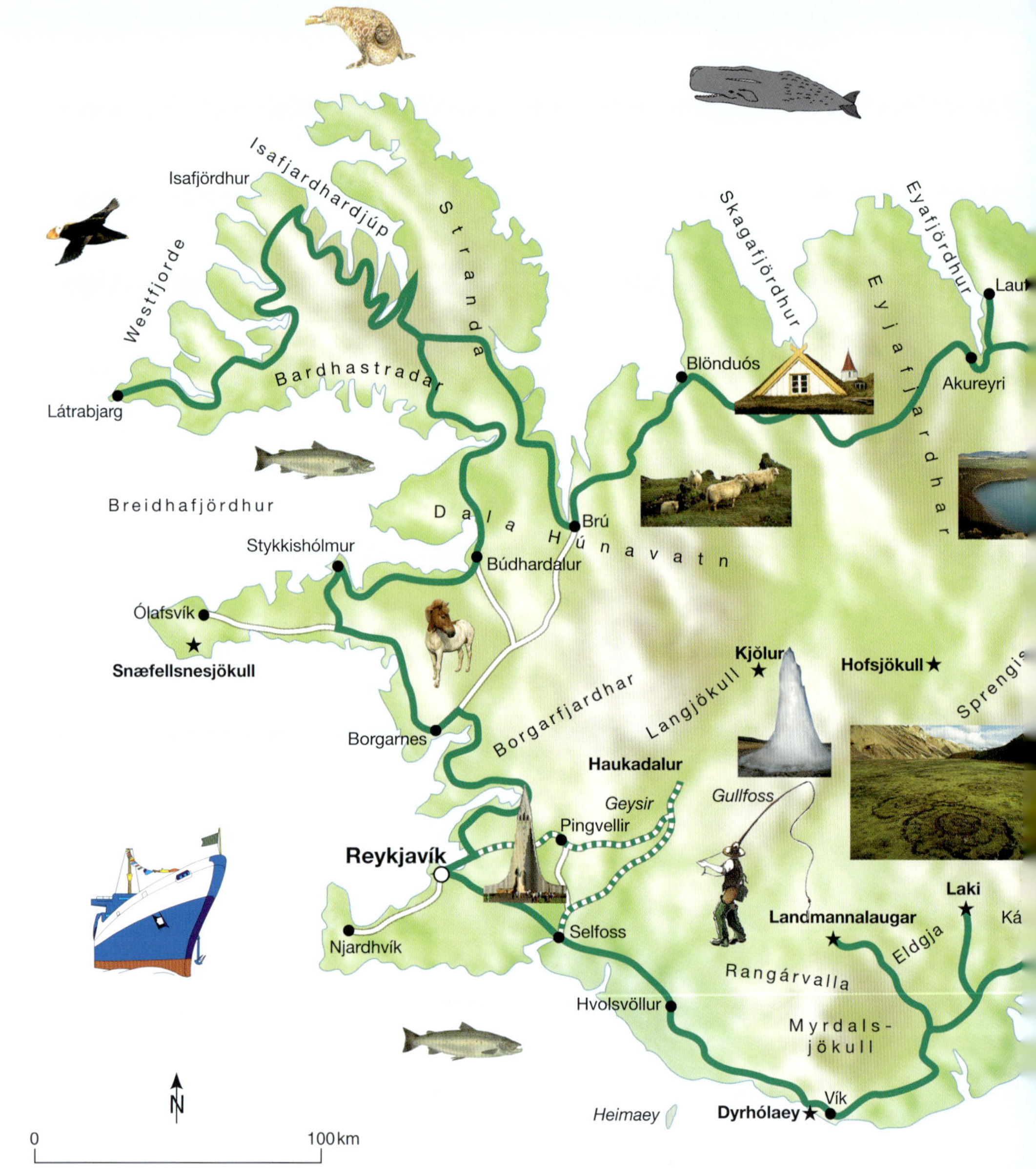

Islandische Einsamkeit. Rund 160 000 der 272 000 Isländer leben in und um Reykjavík, der Rest in Siedlungen und Städtchen entlang der Küste. *Vík* ist solch eine Siedlung. Sie machte in den USA von sich reden, gehört doch ihr feiner Sandstrand zu einem der zehn schönsten weltweit. *Heklas* Schönheit ist ganz anders. 1991 rumorte es zum letzten Mal in den Spalten des rund 1500 Meter hohen Vulkans. Trotz ständiger Messungen ist unklar, ob und wann der Berg wieder Asche und Lava speit. Die Menschen lernten, mit der Angst zu leben – genau genommen haben sie gar keine, wie im Herbst 1996: Mit geradezu stoischer Ruhe, der typisch nordischen Gelassenheit, registrierten die Isländer, dass der *Vatnajökull*, mit 8300 Quadratkilometern Europas größter Gletscher von den Ausmaßen Korsikas, seine Vulkangeister zum Leben erweckte. Die Wärme schmolz das Eis, Eisklötze so groß wie Häuser donnerten zu Tal, ließen Glet-

»Doch schön ist's, mit den Sternen zu wandern und gleich ihnen in Bewegung zu sein. ... Die verschneiten Berge wirkten im Mondlicht so niedrig und fern, und hier und da spiegelten sich Streifen von Sternenlicht in schwarzblankem, nächtlichem Eis. So eine Wanderung war wie ein Gedicht mit Reimen und herrlichen Worten ...«

Gunnar Gunnarsson, 1976

Der Godafoss. oben
Felsformationen am Kap Dyrhólaey. Mitte
Kleine Ohren, kräftige Mähne und dichtes Fell: Island-Pferde. Mitte
Kirche bei Vík. unten

scherströme anschwellen, ganze Siedlungen und Straßen wurden überflutet. Trotzdem versetzte diese Katastrophe den Rest der Welt weit mehr in Aufruhr als die Menschen im nur wenige Kilometer entfernten Höfn. Bis zu 1000 Meter dick ist das ewige Eis des Vatnajökull, und bei einer Gletschertour werden einem die riesigen Dimensionen dieser unwirtlichen Welt so richtig bewusst.

Eine grüne Oase. Von *Breidhdalsvík* aus fährt man auf der Ringstraße weiter, oder man besucht über die 96 die Ostfjorde. Die Menschen in Orten mit so unaussprechlichen Namen wie Stödhvarfjördhur und Fáskrúdhsfjördhur leben vom Fischfang. Einmal pro Woche legt im nahen *Seydisfjördhur* die Fähre aus Dänemark an. Mancher Besucher bricht erst am nächsten Tag zum größten Wasserfall Europas auf, dem *Dettifoss*. 44 Meter rauscht das Wasser die Klippe hinunter. Der Canyon liegt im Nationalpark *Jökulsárgljúfur*, den man über die 864 von der Ringstraße aus erreicht – eine karge, wilde Gegend. Irgendwo mittendrin scheute der Sage nach Odins Pferd Sleipnir, versetzte der Landschaft einen mächtigen Tritt und formte so eine mehrere Kilometer lange und 600 Meter breite hufeisenförmige Schlucht. In einer lieblichen Oase voller Leben brüten seltene Vögel, und wer bisher keinen Baum auf Island sah – hier findet er viele.

Ein Schauspiel, wie man es nur auf Island erleben kann: Diese heiße Quelle sprudelt bei Hveravellir.

unten
So eine satte Urwüchsigkeit ist an den Westfjorden zu finden – wer Island mit Muße und Gespür erkundet, entdeckt leicht solche landschaftlichen Höhepunkte.

Der Weg über die Krossá zum Thórsmörk ist nur mit einem geländegängigen Fahrzeug durchs Wasser möglich, denn diese Brücke ist lediglich für Fußgänger und Radler. oben
Typisch für Islands Wiesen: Wollgras. Mitte
Basalt am schönen Wasserfall Aldeyjarfoss. unten
Tafel- oder Horstvulkane, wie der Herdhubreidh, entstanden unter dem Gletscher und tauchen unvermittelt in der flachen Landschaft auf. rechts

Planetenlandschaft. Auch Island kennt Anglerlatein: Ein Hobby-Fischer aus Norwegen soll im See *Myvatn* eine fünfzehnpfündige Forelle mit bloßen Händen gefangen haben. Er habe darauf gewartet, dass sie nach den Mücken springt, und zugegriffen. Zwei Dinge daran sind wahr: Es gibt Fünfzehnpfünder in dem See, und es gibt Mücken. Weiß Gott, denn »Myvatn« heißt übersetzt »Mückensee«, und ohne ganzkörperbedeckende Kleidung läuft in der Gegend bei *Reykjahlídh* gar nichts. Aber die Lava-Landschaft mit den bizarren Felsformationen rund um den Myvatn gehört zum Schönsten, was Island zu bieten hat. Wenn man bei trübem Wetter und tief hängenden Wolken am Fuß des *Krafla-Vulkans* nordöstlich von Reykjahlídh steht, rauchende und fauchende Vulkanspalten vor Augen, beißenden Schwefel in der Nase, kantigen Stein unter den Füßen, fühlt man sich in einer anderen Welt. Eine Steinwüste südlich des Myvatn erhielt den Namen »Missetäter-Wüste«, denn manch Gauner tauchte hier in der Hoffnung unter, niemanden zu treffen. Doch die Ganoven waren bestraft genug, an diesem Ort leben zu müssen.

Der Rücken der Islandpferde. Das Zentrum des Nordens, am Ende des Fjordes Eyafjördhur gelegen, heißt *Akureyri*. Mit 15 000 Einwohnern ist die Stadt die mit Abstand größte nördlich von Reykjavík. Nur 100 Kilometer trennen sie vom Polarkreis, dennoch ist Akureyr der wärmste Ort der Insel. Weidende Islandpferde sind ein ständiger Reisebegleiter, und hier, am 37 Kilometer langen Fjord *Skagafjördhur*, sieht man sie rechts und links der Ring-

straße 1 grasen. Die Tiere genießen einen ganz besonderen Schutz: Es dürfen keine Pferde importiert werden, und ein isländischer Vierbeiner, der im Ausland an einem Reitturnier teilgenommen hat, darf nicht wieder in seine Heimat zurückkommen. Auf diese Weise konnten sich die Pferde in den vergangenen Jahrhunderten prächtig und reinrassig entwickeln. Mehrtägige Reittouren sind ein touristisches Highlight der Insel. Aber auch weniger sattelfeste Besucher schließen mit den Islandpferden schnell Freundschaft, denn erstens haben sie eine angenehme Schulterhöhe, und zweitens sind sie auch im unwegsamen Gelände absolut trittsicher und vorsichtig. Überall auf Island bieten Höfe Trecks an, und man darf im Cowboyfeeling den Duft der kleinen nahen isländischen Welt schnuppern.

Herrscher der Westfjorde. An der Straßenkreuzung Brú bietet sich der Ausflug auf der Straße 61 in die faszinierende Welt der Westfjorde an, oder man bleibt auf dem direkten Weg nach Reykjavík. Der Abstecher sollte wohl überlegt sein, denn allein die 300 Kilometer lange Tour bis nach Ísafjördhur, auf der Karte ein Katzensprung, dauert – mit einigen Genussstopps – locker einen Tag. Das liegt an den sieben Seitenarmen des 55 Kilometer langen und an seiner Mündung 18 Kilometer breiten Fjords *Ísafjardhardjúp*, die alle umfahren werden müssen. Viel zu bieten hat der Hauptort der Westfjorde, *Ísafjördhur*, nicht, aber ein sehr lohnenswertes Fischereimuseum, das die harten Lebensbedingungen fernab der Zivilisation hautnah verdeutlicht. Die Westfjorde sind Landschaft satt, ein Erlebnis der rauen, Fortsetzung Seite 158

Bis zu 200 Grad heißen schwefeligen Wasserdampf stoßen die sogenannten Solfataren aus. Hier ein besonders schönes Exemplar im Gebiet von Námaskardh. oben
Auf einer Trekkingtour oder mit Pferden unterwegs am Godafoss: Stets bietet die Landschaft überwältigende neue Eindrücke, die man nicht vergisst. unten

Naturfans kommen garantiert auf ihre Kosten: Etwas mehr als 10 Prozent der Fläche Islands sind von Gletschern bedeckt.

Radwandern und Trekking

Lavafelder ohne Ende und Flüsse ohne Brücken, eiskalte, reißende Bäche und ein Wetter, das auch im sichersten Sommer überraschende Kapriolen schlägt: Das sind die Zutaten für Abenteuertouren durch Island, auf Schusters Rappen oder mit dem Fahrrad.

Wer keine eigene mobile Werkstatt in seinem Gepäck hat, kann bei einer Panne mit dem Drahtesel echte Probleme bekommen. Die meisten Ersatzteile gibt's nämlich nur in der Hauptstadt Reykjavík. Unter den Mountainbikern hat es sich inzwischen schon herumgesprochen, auf welche Abenteuer sie sich in Island einlassen: Holprige und steinige Hochgebirgsstraßen, ein gefährliches, unmarkiertes Terrain abseits der Pisten und ein plötzlicher Wetterumschwung können aus leichtem Fun ganz schnell schweren Frust werden lassen. Aber auch wer als »normaler« Radwanderer seinen Islandurlaub genießen will, muss immer wieder mit unvorhersehbaren Hindernissen rechnen – und sei es nur, weil er mal wieder keinen Unterschlupf bei einem unvermittelten Regenschauer gefunden oder seine Kondition überschätzt hat und einfach nicht mehr gegen den anhaltenden Wind ankämpfen mag. Dann hilft meistens nur noch das geduldige Warten auf den nächsten Linienbus, der wieder in die Zivilisation zurückfährt.

Lava, Gletscher, Seen, Sandwüsten – vor allem deswegen kommen Wanderfreunde aus der ganzen Welt zu einer Trekkingtour nach Island. Und trotzdem gibt es relativ wenig markierte Trekkingpfade zu den geheimnisvollen Naturwundern Islands. Auf eigene Faust sollte man sich deshalb nur auf den Weg machen, wenn man das Gelände kennt oder einen Führer bei sich hat. Prinzipiell gilt für jeden, der zu Fuß oder mit dem Rad in die Wildnis möchte: Wer eine längere Wanderung abseits der markierten Wege plant, sollte im Hotel oder im Touristbüro seine Route hinterlegen. Denn nicht nur verlaufen oder verfahren kann man sich hier, sondern es lauern auch andere Gefahren: In der Umgebung von heißen Schlammtöpfen, den Solfataren, und brodelnden Quellen haben sich im Lauf der Zeit unterirdische Hohlräume gebildet, die unverhofft einstürzen können. Oder ein scheinbar erloschener

Fischerhütte bei Dritvík. Auf der wildromantischen Halbinsel Snæfellsnes im Westen Islands leben noch viele Menschen vom Fischfang. Auch hier kann man wandern, mehr Spaß macht das aber im Landesinnern. oben
Wenn am Gullfoss die Sonne scheint, entsteht in der aufbrausenden Gischt ein Regenbogen, der dem »goldenen Wasserfall« den Namen gab. unten

Schwefelbäder

Nirgendwo sonst auf der Welt brodelt und kocht es wie in den 25 Thermalgebieten Islands. Viele davon liegen unter Gletschern verborgen, aber einige sind für Touristen gut erschlossen. So auch das berühmteste und größte im Süden der Insel, in Landmannalaugar: 150 Quadratkilometer umfasst dieses Gebiet voller sprudelnder Geysire und heißer Quellen, die einen Fluss auf Badewassertemperatur bringen. Und über allem liegt dieser leicht beißende Schwefelgeruch. Natürlich darf nicht in jedem Bach und Wasserloch auf eigene Faust gebadet werden, es gibt in den Thermalstationen eigens für Gäste hergerichtete Schwefelbäder mit variierenden Temperaturen. Auch das viel gerühmte geothermische Wunder, 40 Kilometer von Reykjavík entfernt, verdient seinen Namen zu Recht: »Blaue Lagune« heißt diese traumhafte Wasserwelt.

Geysir gewinnt urplötzlich neue Lebenskraft und speit meterhoch kochend heißes Wasser aus der Tiefe. Ein bis eben noch harmloser Gletscherbach kann durch einen plötzlichen Wärmeeinbruch oder Regenschauer zu einem reißenden Fluss werden; an eine Überquerung ist dann nicht mehr zu denken, und wehe dem, der sein Zelt zu nah am Wasser aufgebaut hat. Dabei zählt das Campieren unter freiem Himmel zu den beeindruckendsten Erlebnissen einer Islandwanderung. Gleichzeitig sollte man beachten, dass es nur entlang der befestigten Straßen Möglichkeiten gibt, in teils unbewirtschafteten Hütten zu übernachten, in Gottes freier Natur sind Kochgeschirr, Zelt und Schlafsack angesagt. Weitere Informationen, auch über geführte Trekkingtouren, gibt es beim »Touring Club of Iceland«.

Wer ausreichend Erfahrung und Kondition besitzt, kann Island zu Fuß oder mit dem Rad erleben. Allerdings muss man damit rechnen, durch plötzliche Wetterumschwünge den Launen der Natur ausgesetzt zu sein.

natürlichen, urwüchsigen Art. Rund 10 000 selbstbewusste Westfjorder leben in dieser in Europa einzigartigen Natur. Nicht der Homo sapiens, sondern Papageientaucher und Lummen spielen in dieser Wildnis die Hauptrolle, hier brüten noch die seltenen Vogelarten Tordalk und Eissturmvogel zu Abertausenden an der atemberaubenden Steilküste und auf dem Vogelfelsen *Látrabjarg*, der 440 Meter hoch über dem Atlantik aufragt. Er ist gleichzeitig der westlichste Punkt Europas. Die Fahrt zurück ist weniger mühsam, denn vor einigen Jahren wurden mehrere Tunnel in die Felsen gesprengt – und man ist fast traurig ob der plötzlichen Dunkelheit und Erlebnislosigkeit.

Reise zum Mittelpunkt der Erde. Bevor es nun zurück in Richtung Reykjavík geht, sollte man den Spuren Jules Vernes folgen. Nach Búdhardalur führt die Straße 57 in Richtung Stykkishólmur auf der Halbinsel Snæfellsnes. Der Gletscher *Snæfellsnesjökull*, 1446 Meter hoch, ist mit 11 Quadratkilometer einer der kleinsten Gletscher des Landes, dafür aber auch der faszinierendste. Das fand auch Jules Vernes, und so spielt der Berg, der noch Anfang des Jahrhunderts fast doppelt so groß war, eine

Der »schwarze Wasserfall«, der Svartifoss, beeindruckt mit seinen wie Orgelpfeifen angeordneten Basaltsäulen. oben
Nicht nur auf dem See Jökulsárlón treiben zu jeder Jahreszeit Eisschollen von teilweise gigantischen Ausmaßen. unten
Mächtig breitet sich der Gullfoss aus. großes Bild

wichtige Rolle in dem Welterfolg »Reise zum Mittelpunkt der Erde«. In geführten Tagestouren kann man dem weißen Koloss auf den Grund gehen. Eine Rundfahrt mit dem Auto auf der Straße 574 gibt einen Einblick in das Innere des Berges. Die wilden Lavafelder zeugen davon, dass unter der weißen Haube des Snæfellsnesjökull ein erloschener Vulkan schlummert. *Stykkishólmur*, mit 1300 Einwohnern der größte Ort der Insel, ist der Ausgangspunkt für eine Bootstour in die Schärenwelt Breidhdalfjördhur zwischen den Westfjorden und der Halbinsel Snæfellsnes. Das ist wahrlich kein geruhsames Unternehmen, denn während der gesamten Tour, vorbei an unzähligen Inseln und mit Stopps in romantischen Buchten, zwitschert, kreischt und schnattert es unaufhörlich. Vogelliebhaber muss man hier wegzerren, denn die gesamte Westküste Islands ist ein einziger großer Vogelpark. Auf der Straße 54 geht es in Richtung Reykjavík, und bei klarem Wetter hat man bis in die Hauptstadt einen stetigen Begleiter, den Gletscher Snæfellsnesjökull. So wird man sich ab und zu umdrehen und zu der Gewissheit gelangen, dass man zwar nicht am Mittelpunkt der Erde war, aber doch irgendwie ganz nah dran.

Das Kap Dyrhólaey ist der südlichste Punkt des isländischen Festlandes. Die Felsen fallen bis zu 100 Meter senkrecht zum Meer ab. oben
Beim Schafabtrieb helfen viele Isländer mit. Mitte
Fahrten durch Furten sind nicht selten, wie hier bei Eldgjá. unten

Planen und erleben ...

Ideal zum Campen: an den Westfjorden südlich von Holmavik. oben
Blick über Reykjavík. Mitte
Badespaß im heißen Fluss bei Landmannalaugar. unten

DIE HIGHLIGHTS

Reykjavík

Europas nördlichste Hauptstadt präsentiert sich gerne als pulsierende, moderne Metropole, aber Reykjavík ist vor allem eines: liebenswerte Provinz in einer atemberaubenden Natur. Und so heißt denn auch der städtische Werbeslogan weitblickend »Next door to nature«.

Wahrzeichen der Stadt ist die 73 Meter hohe Hallgrímssonkirche, außen trotzig, innen nüchtern, Sinnbild für den Überlebenskampf mit der Natur. Davor erhebt sich das Denkmal des Entdeckers Leifur Eiríksson, der 982 als Erster nach Amerika segelte. Die über sechs alten Heißwassertanks errichtete Glas-Stahl-Kuppel heißt Perlan. In ihren sechs postmodernen Stockwerken erwarten den Besucher wechselnde Ausstellungen und ein Drehrestaurant. Alle fünf Minuten schießt im Inneren des Gebäudes ein künstlicher Geysir 15 Meter in die Höhe. Reykjavík ist stolz auf seine Museen, vor allem das Nationalmuseum Islands, das einen umfassenden Überblick über die Kulturgeschichte des Landes gibt. Wer einen Eindruck von der Lebensweise der Wikinger erhalten möchte, sollte einen Besuch nicht versäumen. Am Stadtsee Tjörnin leben über 40 Vogelarten, die sich weder von den sommerlichen Spaziergängern stören lassen noch von den Eisläufern, die im Winter das Gewässer bevölkern.

Heimaey und die Westmänner-Inseln

Die faszinierende Kraterlandschaft vor der Südküste Islands ist leider unsichtbar, denn die rund sechzig Vulkane liegen dicht unter der Wasseroberfläche. Zu sehen sind lediglich ein knappes Dutzend karge Vulkaninseln, von denen nur Heimaey bewohnt ist. Die Insel Surtsey ist die jüngste der Westmänner-Inseln: In einem über drei Jahre dauernden Vulkanausbruch Mitte der sechziger Jahre entstand ein Eiland mit einer Größe von 2,5 Quadratkilometern und einer Höhe von 169 Meter, das sich inzwischen zu einem beliebten Vogelbrutplatz entwickelt hat. Am 23. Januar 1973 brach auf Heimaey eine eineinhalb Kilometer lange Spalte auf und überschüttete einen Teil der Insel mit einer bis zu 5 Meter dicken Lavaschicht. Auch etwa hundert Häuser der 5000 Einwohner wurden Opfer des Ausbruchs. Touren nach Heimaey einschließlich des Fluges werden ab Reykjavík angeboten.

Hverfjell-Krater

Vor etwa 2500 Jahren muss es in der Myvatn-Region eine mächtige Explosion gegeben haben: Innerhalb weniger Tage wurde ein rund 170 Meter hoher und ein Kilometer breiter Aschering aufgetürmt. 250 Millionen Kubikmeter Stein und Geröll wurden aus der Erde geschleudert und bilden heute den größten Explosionskrater der Welt. Ein paar hundert Meter nördlich davon liegt das Solfatarenfeld Námaskardh. Blubbernde und schwefelspeiende Löcher und Erdrisse überziehen die Landschaft. Die hohe Temperatur an der Erdoberfläche hat Eisen, Schwefel und Silizium zersetzt und den

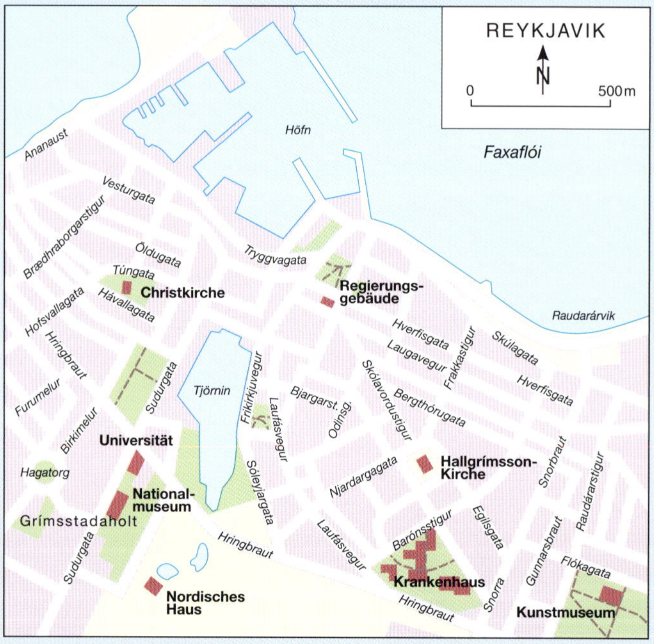

Hochlandtouren

Die abenteuerlichste Reise quer durch Island führt über den Sprengisandur. Er verläuft zwischen den beiden größten Gletschern Hofsjökull und Vatnajökull und bietet fantastische Panoramen. Für die 200 Kilometer lange Strecke durch Lava- und Steinfelder braucht man rund 13 Stunden – wenn die vielen Flussdurchquerungen überhaupt möglich sind. Sonst heißt es umkehren. Das wird auf der anderen Hochlandtour zwischen den Gletschern Hofsjökull und Langjökull kaum nötig sein, denn der 161 Kilometer lange Kjölur ist zwar landschaftlich mindestens genauso schön, dafür aber weniger abenteuerlich. Kalbende Gletscherzungen, ausgedehnte Wanderungen und Schwärme von Singschwänen und Wildgänsen machen die Tour zu einem Erlebnis. Beide Exkursionen dauern mindestens zwei Tage; Übernachtungen in unbewirtschafteten Hütten.

Entfernungen

km	Reykjavík	1341
	176 km	
176	Vík	1165
	258 km	
434	Höfn	907
	147 km	
581	Breidhdalsvík	760
	92 km	
673	Seydisfjördhur	668
	175 km	
848	Reykjahlídh	493
	96 km	
944	Akureyri	397
	213 km	
1157	Brú	184
	184 km	
1341	Reykjavík	km

Boden in ein Mosaik aus rotem, gelbem und weißem Stein verwandelt. Schilder warnen hier davor, bestimmte Gebiete zu betreten, denn der Untergrund ist instabil. Aufpassen muss man aber auch, da schwefelhaltiger Dampf die Kameralinse angreifen kann.

Torfhof Laufás

Kurz vor Akureyri führt die Straße 83 nach Norden. Der Torfhof Laufás gilt als das schönste Torfmuseum Islands und veranschaulicht, wie früher alternativ mit Torf und Lehm gebaut wurde, denn Holz ist von jeher Mangelware auf der Insel. Die im Original erhaltenen Torfhäuser wurden zwischen 1866 und 1870 erbaut und waren bis 1936 bewohnt. In der Kirche steht ein wunderschöner holzgeschnitzter Predigtstuhl.

Eldgjá

Kurz hinter dem Ort Vík an der Südküste führt die Straße 206 ins Landesinnere. Das Ziel ist Eldgjá, die »Feuerschlucht«, der größte Eruptionsgraben der Erde, 5 Kilometer lang und bis zu 270 Meter tief. 1783 riss in der Nähe des Vulkans Laki die Erde auf und ließ eine 12 Kilometer lange Spalte entstehen. Diese Eruption gilt als einer der größten Vulkanausbrüche in der Erdgeschichte. Der Rauch verdunkelte über Monate den Himmel und verursachte in Island eine Hungersnot.

TIPPS FÜR UNTERWEGS

Autoverkehr

Kein Zweifel, es macht Sinn, durch Island mit einem Allrad-Auto zu fahren. Wer also einen Offroader besitzt und zehn Tage für die Fähre einplanen kann, der sollte sich Gedanken darüber machen, mit Fähre und eigenem Auto anzureisen. Ansonsten ist das Flugzeug eine Alternative, ein geländegängiges Auto muss dann gemietet werden. Die Automieten sind teuer, die Differenz zu einem normalen Wagen macht sich aber bezahlt. Nur die Ringstraße hat eine durchgehend gut ausgebaute Fahrbahn, alle anderen Straßen sind eher Schotterpisten und Bergwege, die für gemietete Pkws sowieso gesperrt sind. Plötzliche Wettereinbrüche können selbst die Ringstraße in einen Schlammweg verwandeln. Aber auch bei schönem Wetter muss man aufmerksam fahren: Schafe und vor allem Lämmer legen sich mit Vorliebe auf die warme Straße. Und Schafe und Ponys haben in Island grundsätzlich Vorfahrt!

Unterkünfte

In den Sommermonaten sollten Unterkünfte in den Familien- und Jugendherbergen im Voraus gebucht werden. Ihre Vorzüge sind unter anderem recht kleine Einheiten und fehlende Altersbeschränkung. Ein Hotelbett wird immer zu bekommen sein, ist aber, wie alles auf Island, entsprechend teuer. Näher in Kontakt mit der einheimischen Bevölkerung kommt man natürlich in Privatunterkünften, insbesondere auf Bauernhöfen. In den vergangenen Jahren sind auch immer mehr Lodges mit kleinen gemütlichen Holzhütten entstanden. Und wer es ganz unabhängig mag, ist mit Zelt und Schlafsack unterwegs. Dann bleibt immer noch die Möglichkeit, bei schlechtem Wetter in einer Berg- oder Nothütte unterzuschlüpfen.

Auf der Halbinsel Snæfellsnes. links
Auch Anfänger können es wagen, auf dem Rücken von Island-Ponys Ausritte zu unternehmen. oben

Eine solch grandiose Landschaft wie hier im Nærøyfjord regt auch zum Nachdenken an: Wir haben die Erde von unseren Kindern geliehen.

Register

MENSCHEN

ORTE UND BEGRIFFE

TOYOTA
OD KD 13

Weitere Titel dieser Reihe

ISBN 978-3-7654-5346-5

ISBN 978-3-7654-5348-9

Impressum

DIE FOTOGRAFEN:
Georg Kürzinger arbeitet seit 1989 als freier Fotojournalist. Er ist Bildautor zahlreicher Bildbände zu deutschen und internationalen Themen.

Hubert Stadler (1954–2005) war selbständiger Fotograf mit den Schwerpunkten Südamerika und Nordeuropa. Mitglied der Fotografenagentur Corbis.

DER AUTOR:
Hans Günther Meurer lebt als freier Reisejournalist bei Hamburg und arbeitet für Buch- und Zeitschriftenverlage sowie für Radiosender.

Umschlagvorderseite, großes Bild: Blick auf Rheine, Lofoten
Umschlagrückseite: Im Geirangerfjord (großes Bild)

BILDNACHWEIS:
Georg Kürzinger: Routen 1, 2, 3, 5 und 7; Hubert Stadler: Routen 4, 6, 7 und 8; Weitere Abbildungen: Archiv für Kunst und Geschichte, Berlin: 13 l, 14 lm, 14 lu, 51 ro; Arndt, Hans-Joachim, Friedberg: 70 lo; Bäsemann, Hinrich, N-Tromsö/St. Gallen: 20 lo, 20 lu; Berenfeld, Andrea, Dortmund: 21 u; Bildarchiv Preußischer Kulturbesitz, Berlin: 14 r; Bouchard, André, Wülfrath: 167; Bildarchiv Bucher Verlag, München: 13 r (alle), 32 lm, 86 lo, 86 lm, 86 lu, ; Dressler, Fritz, Worpswede: 17 r (2. v. o), 18 lo, 18 ro, 32 lo, 32 lu, 32 ro, 32-33 u, 33 ro, 33 rm, 33 ru, 90-91 o, 109 ro, 133 ru, 140 lo, 140 lm, 140 lu, 140 ro, 140-141 u, 141 lo, 141 ro, 157 ru; Das Fotoarchiv, Essen: 17 r (3. von o.), 26, 74 lo, 165 (2. von o.), 165 u; Gabriel, Stephan, Hamburg: 12 l, 57 lm, 70 ro, 70-71 u, 71 ru, 106 lu, 106-107 u, 115, 120 lu, 120 ro, 120-121 u, 121 ro, 125 ro, 126 lu, 136 lu, 137 ru; Greune, Jan, München: 16 lu; IFA-Bilderteam, München: 20 lm, 20 r, 55 u, 83 ro, 86-87 u, 87 ru, 98 lo, 101 ru; Krüger, Fred, Berlin: 19 ro, 83 rm, 83 ru, 85 ro, 91 lu, 93 lo, 93 lu, 106 lo, 133 rm, 141 ru, 145 ru; Küchler, Manfred, Berlin: 76 lm, 90 lu, 91 ro, 91 rm, 91 ru; Kürzinger, Georg, München: 4-5, 14 lo, 15 ro, 15 rm, 16 lm, 80, 164 m, 166 m. 166 u, 168 u; laif, Köln: 86 ro, 87 rm; Modrow, Jörg, Hamburg: 2-3, 10-11, 12 r, 17 l, 18 lm, 18 lu, 18 r, 21 m, 23 ro, 61, 63 rm, 63 ru, 64 lu, 65 ro, 74 lu, 75 ro, 75 rm, 93 ro, 165 (3. von o); Mosler, Axel M., Dortmund: 15 l, 15 ru, 16 lo, 16 r, 17 ru, 22 o, 28 lm, 28 lu, 30 lo, 31 rm, 34-35, 36 lo, 36 lm, 44 lo, 45 ro, 45 (2. von o), 50 lo, 50 ro, 56 lm, 62 lu, 62 r, 66 lu, 67 ro, 70 lm, 70 lu, 71 o, 71 rm, 72 u, 76 lu, 76 r, 164 o, 164 u,; Schmeck, Horst, Köln: 161 ru; Stadler, Hubert, Fürstenfeldbruck: 1, 21 o, 22 u, 23 l, 23 ru, 94-95, 96, 99 ru, 106 lm, 106 ro, 107 ro, 107 ru, 108-109 u, 109 rm, 109 ru, 165 o, 166 o, 168 o, 168 m; transit/Thomas Härtrich, Leipzig: 17 ro, 19 l, 19 rm, 19 ru, 46 lu, 46-47 o, 52 r, 53 ru, 54 lo, 55 ru; Werek Pressebildagentur, Hilden: 50-51 u, 51 ru; (l = links, r = rechts, o = oben, m = Mitte, u = unten)

IMPRESSUM:
Lektorat: Joachim Hellmuth
Layout: graphitecture book, Rosenheim
Repro: Artilitho, Trento
Umschlaggestaltung: Uhlig / coverdesign.net
Kartografie: Theiss Heidolph, Eching am Ammersee
Herstellung: Bettina Schippel
Printed in Italy by Printer Trento

Alle Angaben dieses Werkes wurden vom Autor sorgfätig recherchiert und auf den aktuellen Stand gebracht sowie vom Verlag geprüft. Für die Richtigkeit der Angaben kann jedoch keine Haftung übernommen werden. Für Hinweise und Anregungen sind wir jederzeit dankbar.
Bitte richten Sie diese an:
Bruckmann Verlag
Produktmanagement
Postfach40 02 09
D-80702 München
E-Mail: lektorat@verlagshaus.de

Die Deutsche Nationalbibliothek – CIP-Einheitsaufnahme
Ein Titeldatensatz für diese Publikation ist bei der Deutschen Nationalbibliothek erhältlich.

(Nachauflage der Ausgabe »Traumstraßen Der Norden«, erschienen im Econ Ullstein List Verlag, ISBN 3-517-01917-8)
ISBN 978-3-7654-5349-6